hiermit
trete ich
aus der Kunst aus
Joseph Beuys

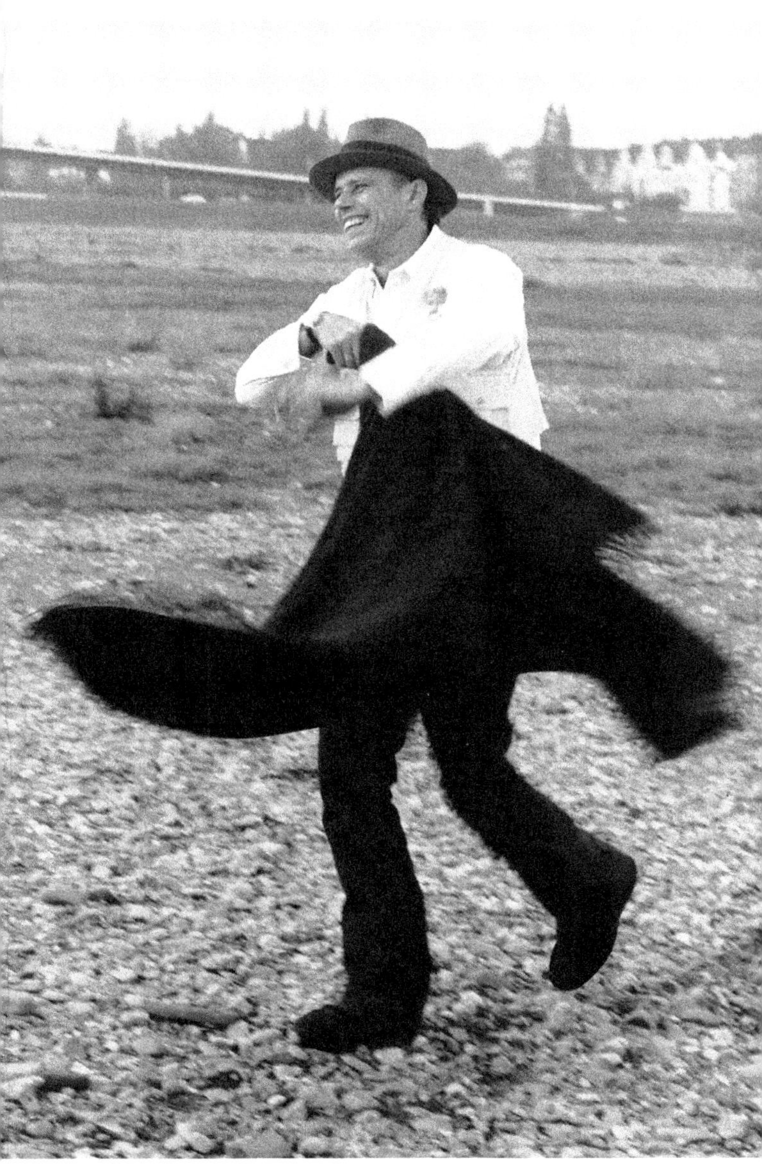

Für Hanna Mittelstädt und Lutz Schulenburg

Dank gilt Eva Beuys und Wenzel Beuys
für ihre Unterstützung, für ihre Empfehlungen
und Hinweise.
Dank gilt den Gesprächspartnern
von Joseph Beuys und den
genannten Verlagen für ihr freundliches
Einverständnis zu diesem Buch.

Joseph Beuys
hiermit trete ich aus der Kunst aus

Vorträge
Aufzeichnungen
Gespräche

Herausgegeben
und mit einem Vorwort von
Wolfgang Storch

Edition Nautilus

Auf den Seiten 2/3 sind abgebildet:
Edition Staeck, Originalgraphik – Serie D, Nr. 15072
Joseph Beuys (1985), hiermit trete ich aus der Kunst aus
Foto von Peter Schata: Joseph Beuys vor der Fahrt
auf einem von Anatol Herzfeld gebauten Einbaum
über den Rhein von Oberkassel zur Kunstakademie
Düsseldorf am 20. Oktober 1973

Mitarbeit: Karoline Zorbas

Edition Nautilus GmbH
Schützenstraße 49a
D-22761 Hamburg
www.edition-nautilus.de

Umschlaggestaltung: Maja Bechert | www.majabechert.de
unter Verwendung von Details aus: Joseph Beuys,
Gespräch 1974. Stempel und Tuschezeichnung auf S. 5
des Buches »Joseph Beuys. Zeichnungen I 1947–1959«.

Mit * versehene Überschriften stammen vom Herausgeber

1. Auflage 2021
Druck und Bindung:
CPI – Clausen & Bosse, Leck

ISBN 978-3-96054-259-9

Vorwort

Joseph Beuys, am 12. Mai 1921 in Krefeld geboren, wuchs in Kleve auf. Der Vater stammte aus Geldern, war Geschäftsführer einer Molkereigenossenschaft, die Mutter kam aus Dinslaken, beide katholisch. Er war das einzige Kind. »Das Verhältnis zu meinen Eltern kann man nicht als eng bezeichnen, ich musste mich sehr früh selbst versorgen. Die Zeit damals war schwer, sie wirkte unheimlich bedrohlich und bedrückend auf mich als Kind. Ich hatte allerdings eine sehr nachhaltige Beziehung zur niederrheinischen Landschaft und zu Kleve.«[1]

Er liebte es, das weite flache Land zu erforschen: »wie ein Hirte, das heißt, ich bin herumgelaufen mit einem Stab, einer Art ›Eurasienstab‹, wie er später auftaucht, und hatte immer eine imaginäre Herde um mich versammelt. Ich war richtiggehend ein Hirte, der alles auskundschaftet, was in der Umgebung vorging. In diesem Bild habe ich mich sehr wohl gefühlt, wobei ich die Erlebnisse, die ich hatte, sofort zu verarbeiten suchte. Ich fing an, mich für Pflanzen zu interessieren, und kannte, da ich es in vielen Heften zu Papier brachte, fast alles, was es auf diesem Gebiet überhaupt gab. Mit anderen Kindern wurden regelrechte Exkursionen veranstaltet,

1 Joseph Beuys, in: Goetz Adriani, Winfried Konnetz, Karin Thomas, *Joseph Beuys: Leben und Werk*, DuMont Buchverlag, Köln 1973, 3. Aufl. 1986, S. 16.

wir legten Sammlungen an und machten diese öffentlich zugänglich. (…) So wurden aus alten Tüchern, Lumpen und Resten, die wir erbettelt hatten, große Zeltbahnen ausgeführt und darin jene Dinge gezeigt, die wir gesammelt hatten, angefangen bei Mücken, Kriechtieren, Kaulquappen, Fischen, Käfern, Mäusen, Ratten, bis hin zu mechanischen Geräten und irgendwelchen technischen Apparaten, einfach alles, was wir bekommen konnten. Es fanden auch umfangreiche Erdbewegungen statt, denn teilweise bauten wir in einem Labyrinth von Gräben unsere Räume unter der Erde.«[2]

Beuys, noch nicht fünf Jahre alt, begeisterte sich für technische Anlagen, als er eine große Wäscherei durchforschte, »Dampfkessel und Heizungsanlagen, Bügel- und Schleudermaschinen mit ungeheuren Schwungrädern.«[3]

Während der Jahre an der Hindenburg Oberschule richtete sich Beuys ein naturwissenschaftliches Laboratorium ein – Vorarbeit für seinen Beruf. Er spielte sehr gut Klavier und las sehr viel. Er war in die Hitlerjugend eingetreten, nahm 1936 am Sternmarsch nach Nürnberg zum Reichsparteitag der Ehre teil. »Es kann keine Rede sein, dass wir manipuliert worden sind; gut, man stand in Reih und Glied und trug Uniform, aber ansonsten fühlten wir uns frei und unabhängig.«[4] Im Bannorchester der HJ spielte er Cello. 1938 erlebte er das Niederbrennen der Synagoge und eine Bücherverbrennung im Hof des Gymnasiums. Einige Bücher

2 Ebd., S. 18.
3 Ebd., S. 17.
4 Ebd., S. 19.

rettete er, darunter Carl von Linnés *Systema Naturae* und ein Heft, in dem er zum ersten Mal eine Skulptur von Wilhelm Lehmbruck sah. Ein Erlebnis, das ihn bestimmte.

1939 lief er weg. »Weil ich die Welt kennen lernen wollte in ihrer ganzen saftigen Fülle.« Er folgte einem Mädchen vom Wanderzirkus, »periodisch. Immerhin anderthalb bis zwei Jahre«, arbeitete mit, »von der Werbung angefangen, bis zu einfachen Drahtseilakten«, sorgte für die Tiere.[5]

1940 machte er sein Abitur und meldete sich freiwillig zur Luftwaffe. Er wurde zum Sturzkampfflieger ausgebildet, nahm 1942 als Gefreiter teil an der Eroberung von Sewastopol. 1943 hörte er vom Tod seines Freundes Rolf Rothenburg im KZ Sachsenhausen. Er entschloss sich, nach dem Krieg Bildhauerei zu studieren. Am 16. März 1944 wurde seine JU 87 bei der Verteidigung der Krim angeschossen und stürzte beim Rückflug im Schneesturm ab. Der Pilot Hans Laurick starb. Beuys, Funker und Schütze, wurde herausgeschleudert, erlitt einen Schädelbasisbruch, mehrere Knochenbrüche. Beuys berichtete, Tataren fanden ihn bewusstlos und pflegten ihn eine Woche lang, bis sie einen deutschen Suchtrupp informierten. Recherchen ergaben, dass der Suchtrupp ihn bereits am nächsten Tag entdeckte. Zwölf Tage lag er bewusstlos im Feldlazarett. Was er in seiner Ohnmacht, im Fieber, im Traum durchlebte, war seine Wahrheit, sein Einfinden in eine

5 Joseph Beuys, in: Hermann Schreiber, *Lebensläufe – Hermann Schreiber im Gespräch mit Joseph Beuys, Julius Hackethal, Ernst Herhaus u. a.*, Ullstein Verlag, Frankfurt / Berlin / Wien 1982. In diesem Buch S. 135.

Welt. »Tataren wollten mich in ihre Familie aufnehmen.«[6] Was auch immer wirklich geschah: »Man hat mich damals zurechtgeschossen.«[7]

Er wurde bald wieder eingesetzt, musste sich öfters in ärztliche Behandlungen begeben, wurde noch viermal verwundet. Nach dem Krieg in einem britischen Internierungslager, kehrte er am 5. August nach Kleve zurück und fand die Stadt zu achtzig Prozent zerstört.

1946 begann er, an der Kunstakademie Düsseldorf Bildhauerei zu studieren, wurde Meisterschüler von Ewald Mataré. Zeichnungen wurden ausgestellt, er erhielt kleinere Aufträge. Seinen sich selbst gestellten Auftrag konnte er nicht einlösen. Er fand keine Vorgaben in der modernen Kunst. In der Mitte des Lebens stürzte er zwei Jahre in eine existenzielle Krise. »Es war ein wirkliches Sterben.« Die Krise kehrte sich in eine grundsätzliche Erneuerung. Es »entstehen die ersten theoretischen Strukturen zur Erweiterung des Kunstbegriffs auf den Menschen im Allgemeinen«.[8] 1961 wurde Beuys Professor an der Kunstakademie. Sein Konzept des erweitertes Kunstbegriffs arbeitete er aus, erprobte es in einer dichten Folge von Installationen und Aktionen. In diesem Band lässt sich in Gesprächen verfolgen, wie sich Beuys in den 25 Jahren bis zu seinem Tod für diesen erweiterten Kunstbegriff, den er als sein wichtigstes Werk verstand, eingesetzt hat.

»Was heute vom Menschen existiert, ist nur ein Fragment«, erklärte er. »Der Materialismus hat den Menschen im Verhältnis zu seinen Möglichkeiten auf eine

6 »Notizzettel Joseph Beuys«, in diesem Buch S. 22.

7 Joseph Beuys, in: Hermann Schreiber, *Lebensläufe*, op. cit., S. 116.

8 Ebd., in diesem Buch S. 137 f.

kleine Größe reduziert.«[9] Um die schöpferischen Kräfte im Menschen zu initiieren, suchte er die drei großen Fähigkeiten des Menschen – Ratio, Intuition und Kreativität – im Prozess der Konfrontation mit seinen Installationen und Aktionen erfahrbar und fruchtbar zu machen. Was auseinandergesprengt war, wiederzugewinnen für die Entfaltung des Einzelnen, der Gesellschaft. Die Installationen, die Aktionen zeigen sich als Rätsel. Deren Entschlüsselung provoziert den Umschlag der Ratio, des Denkens in Quantitäten, in ihre höhere Form der Intuition, das Denken in Qualitäten. Die Intuition als das organische Prinzip übersetzt das, was die Ratio, das kristalline Prinzip, erarbeitet hat, in eigene Bilder, in ein Aufrufen der eigenen Erfahrungen. Die Installationen und Aktionen zielen auf den Überschlag von der Intuition in die Kreativität: Sie suchen die kreativen Kräfte aufzurufen, sie zu gewinnen und in ein Handeln zu überführen, damit der Mensch selbst zum Kreator wird. Wie »das Rätsel des Werkes noch zu einem viel größeren Rätsel führt, nämlich zu dem, was die Menschen im Allgemeinen bewegt«[10], dies selbst zu erklären, zu vermitteln, war Beuys wichtig.

»Mein Weg ging durch die Sprache, so sonderbar es ist, er ging nicht von der sogenannten bildnerischen Begabung aus«, erklärte Beuys, eingeladen zum Vortragszyklus »Reden über das eigene Land« in den Münchener Kammerspielen am 20. November 1985. »Wir

9 Joseph Beuys, in: Hermann Schreiber, *Lebensläufe*, op. cit.

10 J. Burckhardt (Hg.), *Ein Gespräch / Una discussione. Joseph Beuys, Jannis Kounellis, Anselm Kiefer, Enzo Cucchi*, Parkett-Verlag, Zürich, 2. Aufl. 1988, S. 157 f., 169.

würden im Formen dieser Sprache erkennen, dass sich durch ihren bewussten Gebrauch die Begriffe ergäben, die die Welt, das heißt, das Vorgegebene, so krank es auch sei, mit wesensgemäßen Begriffen so beschreiben, dass eine Heilung möglich wäre.« Mit seinen skulpturalen Arbeiten suchte Beuys den Heilungsprozess. »Dass dieses auch der einzige Weg sei, um alle noch im Rassistischen treibenden Umtriebe, schrecklichen Sünden, nicht zu beschreibenden Male zu überwinden, ohne sie auch nur einen Augenblick aus dem Blickfeld zu verlieren, ließ mich entscheiden für die Kunst, allerdings für eine Kunst, die mich zu einem Begriff des Plastischen geführt hat, der im Sprechen und Denken beginnt, der im Sprechen erlernt, Begriffe zu bilden, die das Fühlen und Wollen in die Form bringen können und bringen werden. Wenn ich dort nicht nachlasse, wenn ich also ganz streng dabei bleibe, werden sich mir die zukunftweisenden Bilder zeigen und die Begriffe sich bilden. Für mich wurde es zu einer Voraussetzung für das Werden einer Skulptur, dass zuerst eine innere Form im Denken und Erkennen zustande käme und diese dann ausgesprochen werden könne in der Prägung des materiellen Stoffes, eines festen Stoffes.«[11]

Was eine Skulptur auslösen kann, hatte er 1938 durch die Fotografie einer Figur von Lehmbruck erfahren. Das Buch eröffnet mit dem »Dank an Wilhelm Lehmbruck«, seiner Rede vom 12. Januar 1986.

Am 23. Januar 1986 starb Beuys.

11 Joseph Beuys, *Sprechen über Deutschland*, FIU Verlag, Wangen 2002, S. 10 f.

Dank an Wilhelm Lehmbruck

Rede von Joseph Beuys zur Verleihung des Wilhelm-Lehmbruck-Preises im Lehmbruck-Museum Duisburg am 12. Januar 1986

Ich möchte meinem Lehrer Wilhelm Lehmbruck danken. Warum konnte ein Mensch, … nachdem ich ein ganz kleines Bruchstück seines Werkes und das sogar noch als Fotografie einmal in die Hände bekam, in mir den endgültigen Entschluss erzeugen, mich mit der Plastik, mich mit der Skulptur auseinanderzusetzen. Wieso konnte also ein Toter mich so etwas lehren, etwas Entscheidendes für mein Leben festzulegen, denn ich selbst hatte es aus meinem Suchen heraus eigentlich bereits anders festgelegt, ich befand mich schon inmitten eines naturwissenschaftlichen Studiums. Ich bekam also dieses Büchlein ganz zufällig, das auf irgendeinem Tisch lag zwischen anderen, ziemlich zerrupften kleinen Heftchen, in die Hand, schlug die Seite auf und sah eine Skulptur von Wilhelm Lehmbruck, und unmittelbar ging mir die Idee auf, eine Intuition also: Skulptur – mit der Skulptur ist etwas zu machen. Alles ist Skulptur, rief mir quasi dieses Bild zu. Und in dem Bild sah ich eine Fackel, sah ich eine Flamme, und ich hörte: Schütze die Flamme!

Dieses Erlebnis, das mich durch den Krieg hindurch begleitet hat, hat nach dem Kriege dazu geführt, dass ich mich der Bildhauerei [gewidmet], mit der Plastik auseinandergesetzt habe. Ich habe also – ich wusste gar nicht, was das war – ein Kunststudium angetreten. Ich habe mich einmal umgehört, wie man so etwas überhaupt macht. Man muss wissen – das gehört auch zur Vorgeschichte dieses Grunderlebnisses hinzu –, ich bin ja am Niederrhein geboren, und in der Zeit des Dritten Reiches war man zwar täglich von einem Wald von Skulpturen umgeben, [aber] der Art, wie sie zu dieser Zeit gemacht wurden; sie haben in mir keinerlei Erlebnis ausgelöst. Als ich mich dann entschlossen hatte, später, mich mit den Dingen intensiver auseinanderzusetzen während des Studiums, habe ich mich gefragt: Wäre denn irgendein anderer Bildhauer, Hans Arp oder Picasso oder Giacometti oder irgendein Rodin, wäre eine Fotografie von Rodin, wenn sie mir seinerzeit in die Hände gefallen wäre, fähig gewesen, diese Entscheidung in mir herbeizuführen? Ich muss noch heute sagen: Nein, denn das außergewöhnliche Werk Wilhelm Lehmbrucks rührt eine Schwellensituation des plastischen Begriffes an.

Er [Lehmbruck] treibt die Tradition, die in dem Erleben des Räumlichen am menschlichen Körper, am menschlichen Leibe besteht…, bis zu seinem Punkt hin auf einen Höhepunkt, der einen Rodin noch übertrifft. Das heißt, in ihm wird die Plastik nicht mehr nur das rein Räumliche, das Raumausgreifende, der Organismus des »Maß gegen Maß«, wie Lehmbruck immer sagte;[1] dem der Satz, dass Plastik alles ist, dass Plastik schlechthin das Gesetz der Welt ist,[2] ja nicht fremd war, dass also er sich ausdrücken konnte in »Maß gegen Maß« als einer Tradition der Bildhauerei von Rodin bis zu seinem Tag auf einem Höhepunkt, der etwas

Innerliches meint: Das heißt, seine Skulpturen sind eigentlich gar nicht visuell zu erfassen. Man kann sie nur erfassen mit einer Intuition, [wobei] einem ganz andere Sinnesorgane ihr intuitives Tor offen machen, und das ist vor allen Dingen das Hörende – das Hörende, das Sinnende, das Wollende. Das heißt, es sind Kategorien in seiner Skulptur vorhanden, die niemals vorher vorhanden waren.

Nun haben wir es mit diesem Erlebnis zu tun. Ich habe mich also nur aufgrund von Wilhelm Lehmbruck entscheiden können, mich mit der Plastik zu befassen. Nun aber habe ich ja schon angedeutet, dass Wilhelm Lehmbruck an einer tragischen Wende gelebt hat, an einer tragischen Wende, wo er einen Kulminationspunkt gesetzt hat, der scheinbar über diese Höhe, nach dieser Art von »Maß gegen Maß« im Raum, nicht mehr entwicklungsfähig war – vielleicht. Ich stelle einmal diesen Gedanken in den Raum. Ich habe in ihm auch, als ich dieses kleine Heftchen gesehen habe, seine Lebenszeit bemerkt. Ich merkte den zweimaligen Jüngling, denn er hat einmal neunzehn Jahre gelebt im vergangenen Jahrhundert und die zweiten neunzehn Jahre in diesem Jahrhundert. Ich habe dies alles geballt erlebt wie ein Doppelbild von einem Jüngling oder von einer Jungfrau oder von einer Jungfrau und von einem Jüngling.

Während meines Studiums, als ich mich also bereits auf den Weg gemacht hatte, als ich mich mit weitergehenden Fragen, die an das Hören in Wilhelm Lehmbrucks Plastiken anschließen und an das Denkende, an den Denksinn, der in ihnen liegt, befassen musste, um zu einer ganz neuen Theorie des zukünftigen plastischen Gestaltens zu gelangen; als ich an ein plastisches Gestalten dachte, das nicht nur physisches Material ergreift, sondern seelisches Material ergreifen kann, wurde ich zu der Idee der sozialen Plastik regelrecht getrieben. – Ich halte dies auch für eine Botschaft von Wilhelm Lehmbruck, denn ich fand eines Tages in einem verstaubten Bücherschrank den sehr oft unterdrückten Aufruf von Rudolf Steiner von 1919 an das deutsche Volk und die Kulturvölker.[3]

Dort wurde ein Versuch gemacht, den sozialen Organismus auf einem völlig neuen Fundament aufzubauen. Nach den Erfahrungen des Krieges, an dem Lehmbruck so gelitten hatte, steht also ein Mann auf und sieht die Gründe für diesen Krieg in der Ohnmacht des Geisteslebens. Ich sah in diesem Heftchen diesen Aufruf, der eine Organisation entstehen lassen sollte, die wirksam einen neuen sozialen Organismus begründen sollte, [und ich] sah unter den ersten Komiteemitgliedern den Namen Wilhelm Lehmbruck. Ich sage also, es war die erste Ausgabe eines solchen Aufrufes; es sind ja später Nachdrucke gemacht worden von diesem Aufruf, doch fehlen [darin] die Namen des Gründungskomitees. Nun liegt das Tragische an dieser Sache, dass ich in diesem Aufruf unter den wenigen Personen, die sich [dort] angegliedert hatten, um das Komitee zu bilden, die verschiedenen Komitees zu bilden in Deutschland, Österreich und der Schweiz …, sah: In dem deutschen Komitee ist ein Kreuz hinter Wilhelm Lehmbruck. Das heißt, er muss diesen Willen, diese Flamme, die er weiterreichen wollte, im letzten Augenblick seines Lebens, als er durch das Tor des Todes seiner eigenen Skulptur hindurchgegangen ist, gehabt[4] haben. Denn Sie wissen, wie es ist bei solchen Aufrufen: Man sammelt die Namen der Komiteemitglieder und versucht, möglichst schnell so etwas in Zirkulation zu bringen. Es muss also nur eine ganz, ganz kurze Zeitstrecke, eben eine solche, die zwischen dem Sammeln der Unterschriften und zwischen dem Druck vorhanden war, dagewesen sein, in der er sein Leben beendet hat. Dieses ist also das zweite Symbol. Und ich fand doch, es war etwas Deckungsgleiches; dort fand ich, nicht wahr, das Weiterreichen der Flamme in eine Bewegung hinein, die auch heute noch notwendig ist und die auch heute viele Menschen wahrnehmen sollten als eine Grundidee zur Erneuerung des sozialen Ganzen, die zur sozialen Skulptur führt.

Ich will die Zusammenhänge so schließen. Ich will sagen, es kommt nach den Prinzipien, die Wilhelm Lehmbruck auf den allerhöchsten Gipfel der Entwicklung der Plastik in der Moderne getrieben hat, eine Zeit, in der der Zeit- [und] der Wärmebegriff den Raumbegriff erweitert. In diesem Weitergeben des plastischen Prinzips an einen Impuls, der den Wärme- und den Zeitcharakter als plastisches Prinzip für alles Weitere zur Umgestaltung des sozialen Ganzen nimmt, wo[mit] wir also alle gemeint sind, da hat Lehmbruck die Flamme an uns weitergegeben. Ich habe sie gesehen.

Ich habe aber auch gesehen: Er ist zurückgegangen zu allen Menschen; denn in dieser Liste von Menschen, die dort unterschrieben [haben], findet man Bergleute, Tischlermeister, Krankenschwestern, auch Universitätsprofessoren, gelegentlich einen Künstler, aber man [emp]findet eben einfach diese Liste als den Ausdruck der Menschheit schlechthin, an die diese Flamme weitergereicht wurde. Das ist eigentlich das, was ich zu sagen habe über die eine Seite und über die andere Seite. Ich meine mit der einen wie mit der anderen Seite die weitere Entwicklung des plastischen Prinzips als Zeitprinzip schlechthin. Das heißt, Plastik ist ein Begriff der Zukunft schlechthin, und wehe denjenigen Konzeptionen, denen dieser Begriff nicht zu eigen ist.

Ich habe gestern … einen Bericht eines Symposiums von einer wissenschaftlichen Gesellschaft gelesen, in der Soziologen sehr leichtfertig die großen Entwürfe von Soziologen oder von Wissenschaftstheoretikern … in einen Topf werfen – und diese heißen Rudolf Steiner, Klages, Jürgen Habermas und so weiter … –, wo alles sozusagen in einen Topf geworfen wird und der Begriff des Verheerenden als Verdikt über solche sagen wir einmal plastische Konzeptionen verhängt wird.

Ich möchte also mich auf die Seite stellen, auf der Wilhelm Lehmbruck gelebt hat und gestorben ist und wo er jeden einzelnen Menschen versehen hat mit dieser inneren Botschaft: »Schütze die Flamme. / Denn schützt man die Flamme nicht, / ach eh' man's erachtet, / löscht leicht der Wind das Licht, / das er entfachte. / Brich dann du / ganz erbärmlich Herz / stumm vor Schmerz.«[5] Ich möchte dem Werk von Wilhelm Lehmbruck seine Tragik nicht nehmen.

Auf der Seite gegenüber:
Joseph Beuys, »trial error / man muß durch das Tor des Todes dieser Plastik«, Blatt 1977–1986. II,16, 21 x 14,8 cm

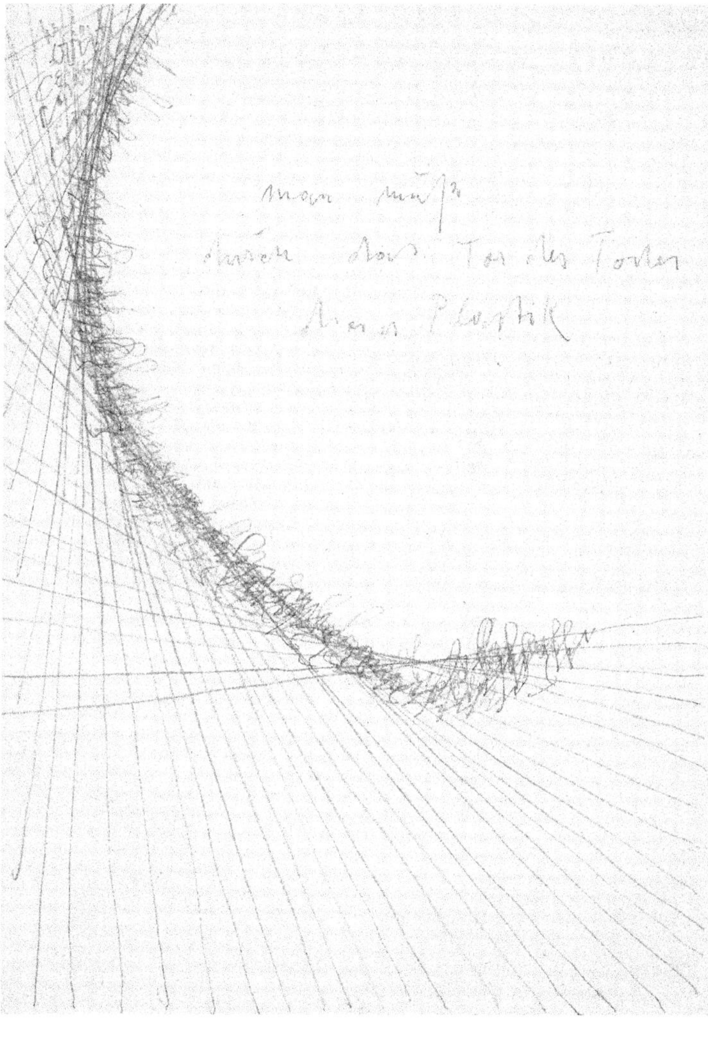
man muß
durch das Tor der Toten
in die Plastik

1 Wilhelm Lehmbruck: »Alle Kunst ist Maß. Maß gegen Maß, das ist alles.« (Zitiert nach Ausstellungskatalog: *Wilhelm Lehmbruck*, Behnhaus und Overbeck-Gesellschaft, Lübeck 1956, S. 22)
2 Wilhelm Lehmbruck: »Skulptur ist das Wesen der Dinge, das Wesen der Natur, das, was ewig menschlich ist.« (Ibid.)
3 Rudolf Steiner, An das deutsche Volk und an die Kulturwelt!, 1919 (In: Rudolf Steiner, *Die Kernpunkte der sozialen Frage in den Lebensnotwendigkeiten der Gegenwart und Zukunft*, Rudolf Steiner Verlag, Dornach 1973, S. 125)
4 »Gemacht«, heißt es im Wortlaut des Künstlers.
5 Vers von Pietro Antonio Metastasio (1698–1782)

Die Tonbandabschrift der frei gehaltenen Rede konnte Beuys nicht mehr für den Druck redigieren. Sie erschien in einer von Christoph Brockhaus und Doris Schmidt redigierten Form mit annähernd vollständigem Wortlaut zuerst in dem von Christoph Brockhaus herausgegebenen Band *Reden zur Verleihung des Wilhelm-Lehmbruck-Preises der Stadt Duisburg 1986 an Joseph Beuys*, Duisburg 1986, o. S.

Das Blatt von Joseph Beuys auf der vorangegangenen Seite ist abgebildet in:
Joseph Beuys, *Das Geheimnis der Knospe zarter Hülle. Texte von 1941–1986*, hg. von Eva Beuys, mit einem Vorwort von Heiner Bastian, Edition Heiner Bastian, Schirmer/Mosel, München 2000, S. 110

Die biographischen Dinge ...*

»Notizzettel Joseph Beuys«, September 1961
Geschrieben für den Katalog der Ausstellung *Joseph Beuys – Zeichnungen / Aquarelle / Ölbilder / plastische Arbeiten* aus der Sammlung van der Grinten, Städtisches Museum Haus Koekoek, Kleve, 8. Oktober bis 5. November 1961

Die biographischen Dinge hätte ich nicht so gerne in der konventionellen Form behandelt, wie man sie überall in Katalogen und Zeitungen liest (siehe Rheinische Post) → schon klein Hänschen usw.
Vielleicht lässt sich so etwas persönlicher, freier oder in größeren Zügen darstellen. Die wirklich wichtigen Punkte gehen meist unter in Gymnasiums- und Studiendaten. Auch möchte ich mich, wenn schon, ebensowohl Enseling- als Mataré-Schüler nennen.
Ausstellungsdaten sind meines Erachtens völlig unwichtig. Wichtiger schon, herauszustellen, dass ich wenig davon halte, es sei denn, die Sache wäre organisch und unter bindenden Voraussetzungen gewachsen, → Ausstellung van der Grinten. Was geht mich Eisen und Stahl an! Man könnte auf Schmela hinweisen als wichtige persönliche Neuerwerbung.

Geburtsdatum 12.5.1921
Geburtsort Kleve (ich gebe immer Kleve an, weil die Geburt in Krefeld rein zufällig war.)

Vater aus Geldern. Holländischer Stamm.
Mutter aus der Weseler Gegend.

Abitur 1940
Soldat 1941
Beginn der Stukazeit 1941 (Hier ist der allgemeine Ausdruck Sturzkampfflieger angebracht, da ich alle Sparten der Waffengattung durchgemacht habe; Funker ist falsch.) In die Anfangszeit 1941 fällt Freundschaft mit Sielmann. Studium im Krieg: Naturwissenschaften, Geisteswissenschaften. (Der Entschluss, Bildhauer zu werden, stand in den letzten Schuljahren fest. 1938 erste Begegnung mit Photos von Plastiken Lehmbrucks, Erlebnis!)
Entlassung Frühjahr 1946
Vorbereitung auf das Studium (Brüx)
Freundschaft mit Hanns Lamers
Enseling Sommer 1947–1949
Freundschaft mit dem Dichter Rainer Lynen
Mataré 1949–1951/52
1952–1954 Atelier Akademie
1954–1957 Atelier Heerdt
Orte, die im Krieg berührt wurden:
Wesentliche Eindrücke: Die slawischen Länder
Polen / Tschechoslowakei (Prag) / (Mähren) / Russland / (Südrussland)
Wesentliche Eindrücke: das Schwarze Meer
das Asowsche Meer / das Faule Meer
Die russische Steppe (Kuban) – Lebensraum der Tataren
Tataren wollten mich in ihre Familie aufnehmen.
Die Nogaische Steppe
Die Krim.
Orte: Perekop, Kertsch, Feodossia
Simferopol, Backtschisaraj

Jailogebirge
Das Kolchis der Griechen!
(goldenes Vlies)
Odessa, Sewastopol.
Rumänien (Donaudelta) – Ungarn (Steppe)
Kroatien (Save)
Wien (Hunnen und Türken vor Wien!)
Süditalien: Apulien.
Westlicher Kriegsschauplatz: als Fallschirmjäger in Nordholland-Oldenburg bis zur Nordseeküste.
Literarische Eindrücke würde ich weglassen; eventuell kann auf Goethe und Nietzsche hingewiesen werden, dies gilt jedenfalls für die Kriegszeit.
Unmittelbare Nachkriegszeit wichtigster Mann: Hamsun!
Musikalische Eindrücke (Auffassung ist besser: Volkslied): Richard Wagner.
Naturwissenschaftliche Eindrücke: Unerlöstheit und Falschheit innerhalb der späten Entwicklung der Naturwissenschaft.
1947 Wiedersehen Sielmann, stellenweise Mitarbeit an Filmen (Schimanski)
1958 Kurhaus Kleve
Heiratsdatum 19.9.1959
März 1961 Atelier Düsseldorf Drakeplatz
Grabstein Niehaus um 1953
Kreuz Koch 1955/56
Brunnen Krefeld 1953
Büderich Ehrenmal 1958
Ich würde solche so genannten »großen« oder Hauptarbeiten weglassen, da es sehr fragwürdig ist, ob es die wichtigsten sind.

Joseph Beuys Lebenslauf Werklauf

Geschrieben für das von Tomas Schmitt und Wolf Vostell herausgegebene Biografienheft für das »Aachener Festival der neuen Kunst«, 20. Juli 1964

1921 Kleve Ausstellung einer mit Heftpflaster zusammengezogenen Wunde

1922 Ausstellung Molkerei Rindern b. Kleve

1923 Ausstellung einer Schnurrbarttasse (Inhalt Kaffee mit Ei)

1924 Kleve Öffentliche Ausstellung von Heidenkindern

1925 Kleve Dokumentation »Beuys als Aussteller«

1926 Kleve Ausstellung eines Hirschführers

1927 Kleve Ausstellung von Ausstrahlung

1928 Kleve Erste Ausstellung vom Ausheben eines Schützengrabens
Kleve Ausstellung, um den Unterschied zwischen lehmigem Sand und sandigem Lehm klarzumachen

1929 Ausstellung an Dschingis Khans Grab

1930 Donsbrüggen Ausstellung von Heidekräutern nebst Heilkräutern

1931 Kleve Zusammengezogene Ausstellung
Kleve Ausstellung von Zusammenziehung

1933 Kleve Ausstellung unter der Erde (flach untergraben)

1940 Posen Ausstellung eines Arsenals (zusammen mit Heinz Sielmann, Hermann Ulrich Asemissen und Eduard Spranger)
Ausstellung Flugplatz Erfurt-Bindersleben
Ausstellung Flugplatz Erfurt-Nord

1942 Sewastopol Ausstellung meines Freundes
Sewastopol Ausstellung während des Abfangens einer JU 87

1943 Oranienburg Interimausstellung (zusammen mit Fritz Rolf Rothenburg und Heinz Sielmann)

1945 Kleve Ausstellung von Kälte

1946 Kleve warme Ausstellung
Kleve Künstlerbund »Profil Nachfolger«
Happening Hauptbahnhof Heilbronn

1947 Kleve Künstlerbund »Profil Nachfolger«
Kleve Ausstellung für Schwerhörige

1948 Kleve Künstlerbund »Profil Nachfolger«
Düsseldorf Ausstellung im Bettenhaus Pillen
Krefeld Ausstellung »Kullhaus« (zusammen mit A. R. Lynen)

1949 Heerdt Totalausstellung 3 mal hintereinander
Kleve Künstlerbund »Profil Nachfolger«

1950 Beuys liest im »Haus Wylermeer« *Finnegans Wake*
Kranenburg Haus van der Grinten »Giocondologie«
Kleve Künstlerbund »Profil Nachfolger«

1951 Kranenburg Sammlung van der Grinten
Beuys: Plastik und Zeichnung

1952 Düsseldorf 19. Preis bei »Stahl und Eisbein« (als Nachschlag Lichtballett von Piene)
Wuppertal Kunstmuseum, Beuys: Kruzifixe
Amsterdam Ausstellung zu Ehren des Amsterdam-Rhein-Kanal
Nijmegen Kunstmuseum, Beuys: Plastik

1953 Kranenburg Sammlung van der Grinten
Beuys: Malerei

1955 Ende von Künstlerbund »Profil Nachfolger«

1956–1957 Beuys arbeitet auf dem Felde

1957–1960 Erholung von der Feldarbeit

1961 Beuys wird als Professor für Bildhauerei an die Staatliche Kunstakademie Düsseldorf berufen
Beuys verlängert im Auftrag von James Joyce den *Ulysses* um 2 weitere Kapitel

1962 Beuys: das Erdklavier

1963 FLUXUS Staatliche Kunstakademie Düsseldorf
An einem warmen Juliabend stellt Beuys anlässlich eines Vortrages von Allan Kaprow in der Galerie Zwirner Köln Kolumbakirchhof sein warmes Fett aus.
Joseph Beuys Fluxus Stallausstellung im Hause van der Grinten Kranenburg Niederrhein

1964 Documenta III Plastik Zeichnung

1964 Beuys empfiehlt Erhöhung der Berliner Mauer um 5 cm (bessere Proportion!)

»Actions / Agit Pop / Decollage / Happening / Events / Antiart / Fluxus«*

Joseph Beuys im Gespräch mit der Redaktion der Zeitschrift *Kunst – Magazin für moderne Malerei-Grafik-Plastik*, Düsseldorf, im Juli 1968
Unter diesem Titel hatte beim »Aachener Festival der neuen Kunst« am 20. Juli 1964 in der Aula der Technischen Hochschule Aachen eine Veranstaltung stattgefunden. Es war zu einem handgreiflichen Tumult gekommen.

… Vielleicht schildern Sie uns in ein paar Sätzen das Programm, soweit es zur Aufführung kam.

Es hat keinen Zweck, in einem Interview gründlich deskriptiv vorzugehen. Man bleibt zu sehr an den Medien hängen, die der Uneingeweihte als determinierend ansehen könnte. Indeterminismus ist aber gerade ein wesentlicher Zug in der Sache. Um dasselbe sagen zu wollen, kann man in vielen Fällen mit beliebig viel vertauschbaren Medien arbeiten. Bis zum Abbruch der Veranstaltung konnte von uns in Wort, Bild und Ton teils simultan, teils isoliert etwa das erste Drittel des Programms abgewickelt werden.

Bazon Brocks vom Rektor gewünschte einführende Rede. Auf dem Kopf stehend hält er den zweiten Teil der Rede, ausgehend von einem Satz Hegels: »Die Philosophie ist die Welt auf dem Kopfe.« (Komplexe pädagogische Hilfen, wo immer sie fehlen.) Bazon

Brock: Bearbeitetes Tonband der Sportpalastrede von Goebbels: »Wollt ihr den totalen Krieg?« Koepckes untertriebene tiefe Absurdität in »Was ist das?«

»Filterzigarette … Was ist das?«

»Kartoffel mit dem Messer in der Mitte nicht durchschneiden … Was ist das?«

»Und die Blume, die du mir zum Geburtstag geschenkt hast, hat schon zweimal geblüht … Was ist das?«

Ein amorphes Stück mit Klaviermusik aus »Vehicle Art«. Filliou L'autrisme. Mal was ganz anderes. Wobei scheinbar das alleralltäglichste herauskommt. Die Zentren, die diese Sendung aufnehmen können, sind bei den Zeitgenossen allerdings dünn gesät. Gosewitz: Akustische und projizierte Texte. Vostell: »nie wieder/never/jamais«. Simultan damit Beuys: Die Butter ist wie das Wetter und das Wetter ist wie die Butter. Szenen mit Objekten, Signalen, Fett und Rollenbildern. Emmett Williams »o eine oper«.

[…]

Ich füllte ein Klavier mit geometrischen Körpern, Bonbons, trockenen Eichenblättern, Majoran, einer Ansichtskarte des Aachener Doms und Waschpulver. Sehr locker, so dass es noch bespielbar war, der Klang jedoch durch die Füllung beeinflusst wurde. Die Säure hat nichts damit zu tun.

Ich hatte sie vorher für eine kurze »Begleitmusik« mit ultraviolettem Licht gebraucht. Das Klavier ist nicht von mir, sondern von seinen vorherigen Besitzern ruiniert worden. Es gehörte zum Einrichtungsmuff. Ab und zu muss allerdings einer wie irre »Hausmusik« darauf heruntergehämmert haben. Das Klavier war glücklich, noch einmal in seinem Leben eine Sache wie »Aachen« erlebt zu haben. Es hat sich nachher noch mal ausdrücklich bei mir bedankt.

Die Absicht: Das heilsame Chaos, heilsame Amorphisierung in eine gewusste Richtung, die bewusst eine erkaltete, erstarrte Vergangenheitsform, gesellschaftliche Konvention durch Auflösung erwärmt und zukünftige Gestalt erst möglich macht.

Warum bedienen Sie sich dieser Schocksprache?

Es ist keine Schocksprache, sondern eine präzise, oft eine eindringliche Darlegung, die, da sie Antikunst oder Kunst ist, die Fähigkeit zu imaginieren erfordert. Das gelingt nicht immer auf Anhieb, bleibt oft beim Versuch, landet manchmal beim Misserfolg, wobei man Fehler erkennen lernt.

Sind Sie sicher, Herr Professor Beuys, dass die verwendeten Mittel die geeigneten sind, um fehlenden Sinn oder mangelnde Bewusstheit zu beklagen? Kann man den Teufel mit Belzebub austreiben?

Es ist unwichtig, Spekulationen darüber anzustellen, ob die Mittel bereits optimal sind. Es steht ja jedem frei, bessere einzusetzen. Vielleicht werde ich eines Tages erkennen, dass ich weiter gekommen bin, in den Besitz besserer Mittel gelangt bin. Einstweilen fühle ich mich verpflichtet, mit diesen Mitteln zu arbeiten, da ich keine besseren besitze, und weil sie mir gerade recht erscheinen, etwas damit auszudrücken, was wichtig ist, ausgedrückt zu werden. Auch waren diese, wie Sie wohl meinen, primitiven Medien jedenfalls bis jetzt in vielen Fällen in der Lage, Zentren zu bewegen bei Menschen, die durch die grauenhaftesten Schilderungen menschlicher Leiden, Krankheit, Krieg, KZ usw. ziemlich unberührt blieben. Unser Bewusstsein hat seine sieben Sachen oft nicht ganz zusammen. Für viele ist kausaler Sinn dem akausalen Sinn gegenübergestellt – Unsinn. Wirklichkeitsgemäßes Denken umfasst schließlich beide Denkmöglichkeiten. Natürlich gibt es auch wirklichen Unsinn.

Die Aktionen, Happenings, Fluxus usw. werden natürlich wieder neue Impulse auslösen, die, wie wir wollen, auf vielen Gebieten bessere Verhältnisse schaffen werden. Aus der dann erkämpften neuen Bewusstseinslage entstehen dann wieder neue Ziele. Das ist die Evolution.

Wie ist Ihre Stellung zur Kunst überhaupt?

Meine Stellung zur Kunst ist gut. Meine Stellung zur Antikunst ebenfalls. Wir brauchen beide Methoden. So muss zu Mathematik Antimathematik, zu Physik Antiphysik, zu Chemie Antichemie erkannt werden. Zukünftige Naturwissenschaft wird auch ohne Antinaturwissenschaft nicht mehr weiterkommen, jedenfalls nicht ohne die Antinatur, = der Mensch, aufs Äußerste zu gefährden.

Was verstehen Sie unter Antimathematik, Antiphysik, Antichemie?

Mathematik, Physik, Chemie usw. sind bereits zurückgeführte Elemente oder Verkörperungen von etwas. Natürlich notwendig zurückgeführte, da wir ja im Materiellen leben oder richtiger, auch im Materiellen leben. Die andere Hälfte, also insofern wir im Nichtmateriellen leben, da haben wir es zu tun mit Antimathematik, Antiphysik, Antichemie usw. (völlige Umwandlung veralteter Systeme).

Im sogenannten Atomzeitalter sieht manches so aus,

als wäre der Anfang mit der Einsicht in diese Zusammenhänge gemacht. Hat dieses Zeitalter auch eine arationale Stimmung mit sich gebracht, so zeigt sich doch bei näherem Hinsehen eine krisenhaft zu nennende Vermaterialisierung trotz vierter Dimension.

Und was nennen Sie schließlich Antikunst?

Das Wort Antikunst lässt sich natürlich nicht so bilden, wie das bei dem Wort »Antichemie« möglich ist, da Kunst bereits die benannte andere Hälfte in sich hat. Kunst schließt Kunst und Antikunst ein. Der Ausdruck bildete sich, sobald Musiker, Maler, Dichter Übergriffe auf Außerkünstlerisches gemacht hatten (Schwitters). Für mich: Raum und der bisher erarbeitete unzureichende und verschwommene Zeitbegriff – unser Leben zwischen Geburt und Tod ruft auf zur Erforschung von Gegenraum-Wärme-Zeit – unsterblicher Wesenskern des Menschen, Leben nach dem Tod. Von der Einsicht in diesen Zusammenhang (Antikunst) hängt es ab, ob wir zuverlässige Kontrollmöglichkeiten und Maßstäbe bekommen über das, was wir in Raum und Zeit machen.

Erschienen unter dem Titel »Krawall in Aachen« in *Kunst – Magazin für moderne Malerei-Grafik-Plastik*, Nr. 4, Mainz 1964, S. 95-97

»Jeder Mensch ist ein Künstler«

Joseph Beuys am Telefon mit Armin Halstenberg, *Kölner Stadt-Anzeiger*, 14./15. Juni 1968

… Brauchen Ihre Kunstwerke Ihre Interpretation, oder können sie für sich selbst stehen?

Informationen von ästhetischen Produkten brauchen keine Begriffe. Aber weil heute schon die Kinder im naturwissenschaftlich-positivistischen Materialismus erzogen werden, liefere ich Theorie und Begriffe mit. Ein begabter Mensch aber versteht spontan.

Welche Informationen sollen Ihre Produkte liefern?

Informationen über politische, philosophische, theologische Zusammenhänge, die sich rational nicht sagen, aber rational machen lassen.

Kunst also wieder einmal als eine Art Philosophie-Ersatz.

Das Zeitalter der Philosophie als Methode der Erkenntnis ist vorbei. Bewusstseinserweiterung aber ist heute ein Bedürfnis. Hier setzt die Kunst ein.

Kunst ist Stil. Stil aber neutralisiert immer, während Wissenschaft versucht, Begriffe möglichst präzise zu fassen.

Ich sage nicht: Kunst kann das besser als Philosophie, aber sie kann Anreize geben, weil sie ihr Bewusstsein heute am weitesten entwickelt hat. Natürlich gelten auch für mich noch die alten ästhetischen Kategorien wie Raumordnung und Maß. Aber ich will keine ästhetischen Gags oder Schocks. Es gibt nichts Banaleres als Margarine, das schockiert die Leute.

Ihre Produkte werden hoch bezahlt. Auch in New York könnten Sie ausstellen …

Das reizt mich nicht. Im Gegenteil: Ich will mich noch mehr lokalisieren, meine Kräfte nicht zerstreuen. Deshalb bleibe ich in Düsseldorf.

Man wirft Ihnen politische Aktivität vor …

Ich versuche nur, meine Kunst auf mein politisches Programm anzuwenden.

Mit welchem Ziel?

Die heutige Politik wird wie der heutige Staatsbegriff in Zukunft bedeutungslos. Der Staat muss gewisse Dinge aus seiner Verwaltung entlassen, schon um sich gegen die Interessengruppen zu wehren. Warum braucht eine Kunstakademie ein Kultusministerium? Früher waren die Universitäten doch auch autonom.

Ist das nun links oder reaktionär?

Ich muss mich gegen das Establishment, aber auch gegen die Bilder- und Bühnen-Stürmer von links mit ihrer Kollektivvorstellung vom Menschen und ihren vorgefertigten Vokabeln wehren.

Aber auch Sie sind für Veränderung der Verhältnisse?

Ja, aber wenn nicht die Revolution zuerst im Menschen geschieht, scheitert jede äußere Revolution. Der Mensch muss den Innenraum erobern, so wie die Astronauten den Weltraum erobern. Die Kunst jedenfalls spricht immer den einzelnen freien, kreativen Menschen an.

Basis Ihrer Kunst und Ihres politischen Programms ist also eigentlich der Künstler im Menschen. Aber sind alle Menschen Künstler?

Richtig. Jeder Mensch ist im Grunde ein Künstler. Anders kann man ihn nicht definieren.

Zur idealen Akademie

Joseph Beuys im Gespräch mit Friedrich Wilhelm Heubach, Düsseldorf, Januar 1969
Erschienen in den von F. W. Heubach und Lutz Schirmer herausgegebenen *Interfunktionen*, Nr. 2, Köln 1969, S. 60 f.

Wie sähen Sie die Funktion der idealen Akademie in der Gesellschaft?

Da muss man unterscheiden. Die Akademie hat zunächst einmal nicht die Aufgabe, Funktion für die Gesellschaft zu sein, sondern für den Menschen. Das muss man trennen, denn die Missverständnisse treten gerade auf, weil man diese Dinge immer durcheinanderwirft. Also für mich ist der Mensch erst einmal ein Naturwesen, zweitens ein Gesellschaftswesen und drittens ein Freier, das heißt, schöpferisch Kreativer. Aus dem Komplex heraus, wo er frei und schöpferisch ist, muss er Modelle erarbeiten, für das Gebiet, wo er immer gebunden sein muss, nämlich im Gesellschaftlichen. Da muss er einfach mit den anderen Menschen auskommen – auf irgendeine Art, da ist er einfach gebunden. Aber um brauchbare Modelle zu entwickeln für den Teil, wo er Gesellschaftswesen ist, dazu brauchen wir vor allen Dingen die Stätten, wo der Mensch als Freier angesprochen wird, wo er als Kreativer angesprochen ist. Das wäre unter anderem die Akademie, aber im Grunde genommen alle Erziehungsinstitute.

[...]

Ästhetik?

Für mich ist der Begriff der Ästhetik im alten Sinne nicht mehr relevant. Der Mensch ist selbst die Ästhetik, die Ästhetik ist ja heute die Begleiterscheinung jeder menschlichen Tätigkeit. Das haben viele Künstler gezeigt: zum Beispiel weggeworfene Kippen, ausgekippte Eimer, irgendetwas putzen, so wie Maciunas das Klavier immer schön geputzt hat, anstatt darauf zu spielen. Das geht bei Manzoni bis zur Scheiße runter. – Das alles bedeutet, dass der Mensch selbst im Mittelpunkt stehen muss auf einer idealen Kunstakademie.

Die Konsequenz wäre, dass es also nicht primäre oder alleinige Aufgabe der idealen Akademie ist, Künstler auszubilden, sondern allgemein Menschen – wie Sie sagten. Dass Künstler dabei herauskommen ist Zufall?

Nein, es ist fast umgekehrt: Wenn man sagt, Ästhetik ist gleich Mensch, dann ist der Mensch sowieso Künstler, ob er sich zu einem brauchbaren Spezialisten auf diesem Gebiet entwickelt, der für die Kunstgeschichte bedeutsam ist, das ist nur eine sekundäre Sache. Also es ist fast umgekehrt: der Mensch kommt hier unter Umständen herein als Künstler und verlässt das Haus mit der Absicht, Technik zu studieren. Er hat aber inzwischen wichtige Informationen bekommen über den Menschen selbst. Das kann vor allen Dingen gut von der künstlerischen Seite angegangen werden.

»Der Mensch, der Produzent einer Plastik«*

Joseph Beuys im »Werkstattgespräch« mit Hanno Reuther am 6. Juni 1969, gesendet vom Westdeutschen Rundfunk im III. Programm am 1. Juli 1969.

... Herr Beuys, die technologischen Explosionen unserer Jahrzehnte stimulieren den Zeitgenossen auch zu so etwas wie einem happy way of life. Neben und hinter diesem Vorgang bleibt vieles liegen, also etwa die schieren Gewöhnlichkeiten von abgelebtem Leben beispielsweise, die grauen Hinterlassenschaften auch von Leben; denen aber, scheint mir doch, gilt zuvörderst Ihr Interesse. Warum?

Ja, ich glaube, da liegt vielleicht doch ein kleines Missverständnis vor insofern, als viele Menschen meinen, mich würden die Relikte des Lebens, also das Abgelebte, der Abfall, das Schmutzige und so weiter primär interessieren als ein Problem meiner künstlerischen Darstellung. Das ist insofern ein Irrtum, als das erst sekundär auftaucht innerhalb meiner Arbeit. Die Hauptintentionen meiner Arbeit drehen sich um eine plastische Theorie und um den Begriff Plastik selbst. Und in dieser Theorie lassen sich Abfallprodukte in irgendeiner Weise gut einbauen. Um über das eine Information abzugeben, was ich meine: Z. B. der Filz ist für mich nicht unbedingt ein Zeichen für etwas Vergammeltes oder etwas Graues oder Staubiges, sondern hier interessiert mich der homogene Faktor des Materials, um damit eine Parallelerscheinung zu einer Theorie abzubilden, beispielsweise ein Chaotisches, was ich im Filz wiederfinde und was ich auch im Fett habe, dieses Element. Dem gegenüber steht ein sehr stark, sagen wir mal, gedankliches Prinzip, und dieses gedankliche Prinzip lässt sich ja in der Tat meistens nur direkt theoretisch, also verbal äußern. Insofern fühle ich mich immer verpflichtet, zu meinen Arbeiten eine Theorie sozusagen zu verkünden. So gesehen bin ich vielleicht auch ein geeigneter Typ, um als Lehrer etwas auszusagen über plastische Probleme.

Herr Beuys, darauf wollen wir später kommen, auf Ihre Rolle als Pädagoge. Nur, Sie haben jetzt schon, glaube ich, einige Belege beigetragen für Ihre plastische Theorie, wie Sie eben sagten. Wollen Sie diese Theorie vielleicht jetzt hier für unser Gespräch noch ein wenig präzisieren?

Ja, ich kann es andeutungsweise sagen. Ich habe es noch nicht einmal für wert befunden, sie ausführlich zum Beispiel aufzuzeichnen oder sie in Buchform herauszugeben. Es ist für mich eine Sache, die in dauerndem Wechsel sich befindet, und insofern ist sie unheimlich umfassend, da sie tatsächlich berücksichtigt auch das ganze menschliche Leben, nicht nur das, sondern sie berücksichtigt auch die Zukunft des Menschen, sie versucht, zu berücksichtigen oder sie versucht, die Fragen zu beantworten, erst aufzuwerfen und dann zu beantworten, woher kommt der Mensch, wohin geht er. Also sie gehen sogar über das Leben hinaus, diese Fragen, die der plastischen Theorie zugrunde liegen. Aus diesem Grunde wird oft gesagt, ich sei ja ein Mystiker oder sowas, weil mich die Frage interessiert, was liegt vor der Geburt eines Menschen, und was geschieht, wenn er gestorben ist – das sind alles Dinge, die mit meiner plastischen Theorie also zusammenhängen: aber ganz einfach zunächst gesagt, hat es mich interessiert, den Begriff Plastik zu untersuchen als eine Sache, die ja sicher außerordentlich in sich geteilt ist. Ich war nicht einverstanden damit, dass die Menschen sagen, hier handelt es sich um eine Plastik, weil man eben weiß, eine Plastik im konventionellen Sprachgebrauch ist eben eine Sache, die irgendwie so da in der Gegend steht, es handelt sich um eine Figur oder um ein räumliches Gebilde. Man meint, zu wissen, was eine Plastik ist. Demgegenüber bin ich der Ansicht, dass man es eben gar nicht weiß. Der Begriff Plastik setzt sich zusammen aus sehr vielen Teilen. Der Ausgangspunkt ist völlig undifferenziert, ist ein chaotisch Strömendes, Undifferenziertes (jetzt kann man wieder hinweisen auf Fett und Filz). Das wäre also das chaotische Element, mit dem aber verbunden ist im Menschen selbst, wenn ich danach suche, wo finde ich diese Kräfte im Menschen selbst, der ja schließlich der Produzent einer Plastik ist, dann muss ich sagen, finde ich es zunächst im undifferenzierten Willensmäßigen. Hier kann man wieder ein Licht werfen auf das, was die Psychologen bezeichnen als das Unterbewusste oder Unbewusste. In diesem Bereich würde ich sagen, also im willensmäßigen Bereich findet man den Ausgangspunkt der Kräfte, die sich des Chaotischen bedienen. Also als frei strömendes, chaotisch strömendes Material. Und hier muss hineingreifen etwas vollkommen Entgegengesetztes, was man im Menschen, wenn man die Topografie anwendet, beispielsweise im Denken finden würde. Das eine würde man im Willensmäßigen finden, man könnte sagen, man kann es sogar im Verdauungssystem finden, man kann es im Ausscheidungsprozess finden, also in dem, was die Menschen auch als schmutzig bezeichnen, nicht wahr, Defäkation und so weiter, alles das, was mit Physiologie des Menschen zusammenhängt. Demgegenüber kommt ein ideenmäßig Abstraktes, also die Form. Hier haben wir jetzt schon zwei entgegengesetzte Prinzipien, die zu einer Plastik führen, nämlich das Chaotisch-Willensmäßige und das Gedanklich-Formmäßige, was zusammenkommt und sich in einer Auseinandersetzung befindet. Dazwischen gibt es unheimlich viele differenzierte Zwischenbegriffe, also zum Beispiel etwas, was man mit dem Rhythmischen bezeichnet, was sicher kommt vom Empfinden; so gesehen würde ich das als die eigentliche ausgleichende Mitte bezeichnen. Jetzt haben wir also schematisch drei Elemente. Dazu kommen aber sicher viel andere noch. Und das ist mein Interessengebiet in meiner Lehre, und das, würde ich sagen, ist jetzt meine plastische Theorie, jetzt Theorie in Klammer, weil ich nämlich glaube, dass es gar keine Theorie ist, sondern eine Wirklichkeit. So gesehen bin ich kein Theoretiker, sondern ich suche nach einer Wirklichkeit. Eigentlich meine ich, das, was ich mache, geht über die Theorie hinaus und ist ein Suchen einfach nach der wirklichen Gestalt der Dinge …

Zuerst erschienen im Katalog *Joseph Beuys – Werke aus der Sammlung Karl Ströher*, Kunstmuseum Basel 1969, S. 38-41

Impulse des Christentums und asiatische Spiritualität. »Denken ist Plastik«*

Joseph Beuys im Gespräch mit Rolf-Gunter Dienst, Düsseldorf 1969

... In der Ausstellung »Eisen und Stahl«, die 1952 in Düsseldorf veranstaltet wurde, zeigten Sie eine »Pietà«. 1952 entstanden ebenfalls Skulpturen wie die »Bienenköniginnen I-III«, die auf der documenta III in Kassel 1964 zu sehen waren. Besteht ein Zusammenhang zwischen dieser Skulptur mit religiösem Thema und Ihren späteren Arbeiten?

Ja, zunächst besteht ein Zusammenhang in dem religiösen Inhalt, nur ist der religiöse Inhalt in der »Bienenkönigin« weiter entwickelt als bei der »Pietà«. Bei der »Pietà« treten die Figuren oder das Thema, das man aus der Gedankenwelt und aus der Geschichte des Christentums kennt, direkt auf, während in der »Bienenkönigin« das religiöse Element sich ausweitet. Es ist also, so gesehen, noch nicht einmal spezifisch christlich, wie vielleicht bei einer »Pietà«.

Würden Sie sagen, dass eine ganz bestimmte christliche Grundhaltung, die sich direkt in einer »Pietà« ausdrückt, dann verschlüsselter [sich] in den anderen Plastiken zeigt?

Ja, sicher, aber nicht verschlüsselt, sondern vielleicht direkter. Ich versuche ja bis heute, wenn man vom Christentum ausgeht, die Sache von den Kräften her zu bestimmen und nicht von irgendeinem aus der Geschichte gegebenen Inhalt.

Von welchen Kräften?

In diesem Falle ist es sehr schwer zu sagen. Da muss ich fast kapitulieren, weil es ein so großer Komplex ist, den ich auf Anhieb gar nicht beantworten kann. Diese »Bienenköniginnen« haben alle etwas sehr stark Organisches. In der Mitte ist eine Art Herzpunkt, und von dem Herzpunkt bewegen sich Formen weg und kreisen ihn wieder ein. Es ist eigentlich ein ganz organisches Gebilde, was die Dinge, die das Christentum anspricht, Herz, Liebe oder Selbstaufgabe, mit einbezieht. Das habe ich versucht hineinzulegen und es direkt organisch darzustellen, wie eine Art psychologischen Vorgang. In dieser Hinsicht sind die »Bienenköniginnen« nichts anderes als bewegte Kreuze. Wenn man das Kreuz nimmt oder die »Pietà«, dann sind dies mehr oder weniger Symbole, die man aus der Geschichte des Christentums und aus der Kunst kennt. Die »Pietà« ist ein klassisches Motiv aus dem Mittelalter. Kreuze treten natürlich überall auf. Ich habe auch Kreuze gemacht, die das gotische Element bewusst betonen, und welche, die ganz bewusst den romanischen Ausdruck repetieren. Später habe ich mich davon befreit und versucht, das nur von den Kräften her neu zu fassen. Ich wollte damit sagen, dass die »Bienenköniginnen« an und für sich bewegte Kreuze sind. Da ist das Kreuz organisch und bewegt sich nach rechts und nach links wie eine Form, die asymmetrisch verläuft. Eine Bewegung geht nach unten und eine nach oben. Eine Art Herzform ist in der Mitte, und es bewegt sich meistens eine Kopfform nach oben.

Sie nahmen als Flieger am Zweiten Weltkrieg teil. Hat das einen Niederschlag in Ihrer Kunst gefunden?

Ich glaube, es hat seinen Niederschlag dadurch gefunden, dass ich mich zum Beispiel mit diesen Kreuzen befasst habe. Wie kommt einer, der aus dem Krieg heimkehrt und alles Mögliche erlebt hat und vorher vielleicht nicht daran gedacht hat, irgendwann sich mit Kunst zu befassen, der im Gegenteil meinte, er müsste sich mit Naturwissenschaft beschäftigen, zur Kunst? Ich hatte auch begonnen, Naturwissenschaft zu studieren. Ich war als Kind weder der Typ, der dafür bekannt war, dass er zeichnet oder begabt ist, so dass man sagen konnte, das wird einmal ein Maler. Ich habe mich vielmehr mit Experimenten auseinandergesetzt. Ich hatte ein großes Labor und habe mich am liebsten mit physikalischen und chemischen Versuchen befasst. Das lag viel näher. Als ich aus dem Krieg kam, hatte sich das völlig umgeformt. Ich habe versucht, mich mit dem Menschen zu befassen und mit dem, was man unter Geist ganz allgemein formulieren kann. Es lag alles mehr im Untergrund. Als Grunderlebnis ist die gesamte Erfahrung wichtig, die ich in dieser Zeit gemacht habe und die sich vielleicht widerspiegelt. Es gibt sehr viele Zeichnungen, die ich noch während des Krieges in Russland gemacht habe, und den Charakter dieser Zeichnungen kann man heute noch hier und da wiederfinden. Die Landschaft und die Menschen, die ich angetroffen habe, haben mich schon beeinflusst. Das östliche Element, das Asiatische hat mich unheimlich fasziniert. Ich war in Russland in einer Gegend, wo viele Tataren leben, und ich habe sehr direkte Beziehungen zu diesen Tataren gehabt.

Hat Sie die Spiritualität Asiens, wie Sie sie dort vorfanden, beeindruckt?

Mich hat die asiatische Spiritualität im höchsten Grade interessiert. Ich habe viel gelesen, aber ich bin trotzdem zu dem Ergebnis gekommen, dass keine Spiritualität so an der Spitze der Entwicklung liegt wie das Christentum. Trotz der Vielheiten des Christentums, die sich im Laufe der Geschichte zeigten, und dem, was alles unter dem Zeichen des Kreuzes geschehen ist, bin ich nicht der Ansicht, dass das Christentum am Ende ist. Im Gegenteil, auch nach eingehendem, langjährigem Studium asiatischen Denkens – sei es Buddhismus, Konfuzianismus, Zen oder andere Arten asiatischer Philosophie – bin ich zu dem Ergebnis gekommen, dass das Christentum trotzdem der vorderste Entwicklungspunkt ist. Es ist meines Erachtens ganz logisch, dass zum Beispiel ein Mann wie Mao etwas in seine Spiritualität hineinpflanzt, was die alte Spiritualität in Asien vernichtet, weil sie in Asien vernichtet werden muss, weil sie wirklich sehr alt ist und etwas betont, was für die Freiheit des Menschen nicht mehr zuträglich ist, nämlich die alte kollektive Geistigkeit. Zen allerdings machte eine Ausnahme, und gerade Zen hat eine unerhörte Verwandtschaft zum Christentum. Gerade die intensive Beschäftigung mit solchen Dingen hat mich dazu geführt – allerdings am Anfang ganz naiv –, solche Kreuze zu machen.

[…]

In dem Augenblick, da der Mensch denkt, ist er derjenige, der an einer Schwellensituation steht und etwas Neues auf die Welt bringt, was vorher nicht da war. Dann überträgt es sich auf die Organe und auf die Physis. Wenn der Mensch spricht, dann bewegt er seinen Kehlkopf. Das Sprechen und der Kehlkopf sind für mich schon elementare Plastik. Die Sprache formt ja. Wenn ich spreche, dann kommen immer – das sehe ich direkt vor mir – Blasen heraus, jedenfalls Formen, Schallwellen usw. Wenn ich schreibe, dann geht es über in meine Organe insofern, als ich einen Buchstaben hinsetze, und der Buchstabe ist auch eine Form. Wenn ich energischer werde, dann greife ich zu Ton oder Lehm und mache daraus eine Figur. Dieser Prozess der Entstehung hat mich interessiert.

Sie würden Denken als elementare oder prinzipielle Stufe der Plastik bezeichnen?

Ja, ich sage, Denken ist Plastik.

Plastik existiert bei Ihnen nicht mehr im Sinne der Piedestal-Plastik. Sie ist selten einzelnes Objekt, das in einem variablen Raum ausstellbar ist. Sie schaffen zusammenhängende Raumsituationen, die exakt definiert erscheinen. Sehen Sie darin einen Vorteil gegenüber der Piedestal-Plastik?

Ich habe nichts gegen Piedestal-Plastiken. Es hat sich gezeigt, dass das Problem des Sockels in neuester Zeit den Menschen intensiv bewusst geworden ist. Manche Plastiken bestehen aus diesem Grunde nur aus Sockeln. Insofern würde ich sogar sagen, meine Plastiken haben sich dahin entwickelt, dass sie praktisch nur noch Sockel sind. Oben ist nichts mehr drauf. Aber dieser Sockel muss jetzt natürlich alle möglichen Kräfte zeigen, die in meinem Denken zur Sprache gekommen sind. Das geht natürlich nicht so ohne weiteres und führt auch oft zu ganz anderen Erlebnissen beim Zuschauer. Aber dafür bin ich ja da. Der Mensch wird meistens in einer ganz bestimmten Richtung angesprochen, und er fragt oft nach einer bestimmten Richtung. Aus diesem Grunde halte ich es sogar für sehr wichtig, dass eine Lehre ausgebildet wird über diese Dinge. Ich mache immer zu dem, was als plastisches Phänomen oder als räumliches Phänomen dasteht, einen Parallelprozess mit, der sich in Begriffen äußert und unter Umständen auch wieder mein eigenes Produkt in Frage stellt. Ich bin jedenfalls grundsätzlich bereit, meine Resultate ganz in Frage zu stellen. Wenn sie nicht mehr ausreichen, dann werden sie verbessert. Dann entsteht vielleicht etwas vollkommen anderes. So sind diese Produkte von mir lediglich Dokumente auf dem Weg, den ich versuche. Ich erhebe nicht den Anspruch, dass es sich um gewaltige Kunstwerke handelt. Das interessiert mich überhaupt nicht.

Geht es Ihnen nicht darum, eine bestimmte Qualität der Plastik zu erreichen?

Die Qualität ist dann gegeben, wenn man ein Maximum an Information erreicht. Die klar verständliche Information muss sogar untergehen, denn es handelt sich dabei nicht um eine verbale Äußerung, um ein Nacheinander von Erklärungen, die man in einem philosophischen Akt darlegen könnte, sondern es handelt sich um ein ganz komplexes, zusammengestauchtes Etwas, was natürlich Gedanken auf dem Wege der Plastik vermitteln muss oder informiert wie durch ein Bild. Ein Bild kann nicht sprechen. Ein Bild muss sich ganz anders mitteilen. Es müssen Kräfte davon ausgehen, die ganz andere Informationen davon abgeben können als zum Beispiel erklärende Sprache. Es ist wirklich Imagination im Spiel, und Imagination verstehe ich nicht als etwas Unklares, sondern als ein Mittel, etwas viel Komplexeres auszusagen, als einen Gedanken, der mehr oder weniger logisch aufgebaut sein muss. Ich komme also insofern durch meine Arbeit immer ein Stück über mein Denken hinaus. In der Arbeit werden mir selbst Probleme für mein Denken gestellt. Ich gehe immer aus von dem, was ich überschauen kann, trotzdem interessiert es mich nur, eine neue Plastik zu machen, wenn diese neue Plastik auch für mich selbst wieder eine Frage beinhaltet.

Sie holen das Ergebnis mit Ihrem Denken wieder ein.

Dann gebe ich es wieder frei und rede darüber. Ich kann mit meinen Schülern dann wieder neu über Plastik sprechen, und es bleibt bei diesem Begriff. Ich bin nicht daran interessiert, nicht über Plastik zu reden, sondern ich bin daran interessiert, bis zum letzten Moment über nichts anderes zu reden als von Plastik, weil ich meine, in diesem Begriff ist etwas enthalten, was gleichzusetzen ist mit Denken, was wieder gleichzusetzen ist mit Mensch und vor allen Dingen gleichzusetzen ist mit dem, wo sich die Menschen in der Zukunft hinbewegen werden. Darin sind futurologische Fragen enthalten. Das durch meine Arbeit zu provozieren, ist mein Interesse …

Erschienen in dem Band von Rolf-Gunter Dienst: *Noch Kunst? Neuestes aus deutschen Ateliers*, Droste Verlag, Düsseldorf 1970, S. 28-47

Lehren und Lernen als Aufführungskünste

Joseph Beuys im Gespräch mit Robert Filliou, Kaspar König und Emil Schult 1969

... Ich muss noch einmal sagen, dass die Aktionen etwas provozieren: eine Sache, die mir vorschwebt, die ich meine, objektiv vertreten zu können, also etwas auszusagen über eine Welt, auf die wir uns zubewegen. Das ist der Inhalt meiner Aktionen. Es kommen da Dinge vor, die ihrem Inhalt nach in unserem Bewusstsein gar nicht veranlagt sind. Es kommen ja, sagen wir einmal, Dinge darin vor, die berücksichtigen, dass die Erziehung des Menschen, also die Geburt zum Beispiel, nicht nur ein biologisches Faktum ist, sondern, ja man kann ruhig sagen, ein Inkarnationsprozess ist. Dass also der Mensch schon als ein Fertiger geboren wird, als eine Persönlichkeit, die schon sehr viel mitgemacht hat auf ganz anderen Gebieten, nicht allein auf dieser Erde, aber der schon ganz andere Räume durchmessen hat, also eine ungeheure Erfahrung bereits mitbringt, eine bestimmte Prägung mitbringt, die jetzt sagen wir mal durch die Geburt selbstverständlich sich auseinandersetzt mit der Materie, also dem Stoff. Denn die biologische Substanz ist die erste Auseinandersetzung mit dem Erdmaterial. Dadurch sitzt es erst einmal wie in einem Sarg drin, das Kind, und es muss allmählich daraus befreit werden. Das ist z. B. nur ein

Punkt, der in meinen Aktionen eine gewisse Rolle spielt. Es wirft natürlich einen ganz bestimmten Aspekt auf Erziehung insofern, als es auch einen Aspekt wirft auf die menschliche Entwicklung als Gesamtbiographie. Es wird aufgeworfen, was geschieht, wenn ein Kind, nehmen wir mal an, ja in der Pubertät ist, oder wenn es 21 Jahre alt ist oder wenn es erwachsen wird. Dass jeweils ein neues Bewusstsein anwächst, und was sozusagen dann hintendiert wieder durch die Erde durch und dann wieder irgendwo herauskommt, also eben Geburt und Tod. Das sind zwei Elemente, die in meinen Aktionen eine Rolle spielen. Es ist aus diesem Grund auch nicht zufällig, dass christliche Begriffe auftauchen. Weil ich glaube, dass das Christentum nicht, wie viele meinen, ausgewirtschaftet hat, weil man es falsch beurteilt hat durch äußerliches Versagen in der Gesellschaft. So wird Christentum gesehen, als etwas, was es überhaupt noch nicht gegeben hat. Dass das, was man bisher vom Christentum kennt, das also Vorgeplänkel ist, so dass man sagen kann, das sind nur die Geburtswehen desjenigen, was man Christentum nennt. Also ein Licht auf die Sache werfen, das ist, was in diesen Aktionen vorkommt, und das ist gerade das, was heute nicht so ohne weiteres verstanden wird, und wo es auch wahnsinnige Missverständnisse gibt.

You have started a thing which is called »The German Student Party«. In your own mind I am sure there is no contradiction, you translated your performances in terms of social actions. And now I would like you please to tell me how you went about it.

Ich würde sagen, es ist kein Unterschied. Ich habe

immer gesagt, das, was meine Aktionen sind, was der Inhalt meiner Aktionen ist, ist gleichzusetzen mit dem, was der Inhalt von beispielsweise einer Akademie ist. Und was der Inhalt einer Akademie ist, ist gleichzusetzen mit dem Inhalt dieser Studentenpartei. Also, da sehe ich keine Verbindung, sondern das ist identisch, das ist inhaltlich identisch. Nur im Programm treten selbstverständlich bei einer Studentenpartei, wenn der Begriff Partei auftaucht, politische Kategorien in den Vordergrund. All diese Begriffe, die in Aktionen im Bild auftreten, treten in Diskussion in der Studentenpartei als Begriffe, die Bezug haben, zum Beispiel zum Begriff der Gesellschaft. Also sie müssen umgeformt werden in eine politische Sprache. Wobei man aber wiederum, und darin liegt mein Interesse, nicht stehen bleiben darf, bei dem, was man heute unter Politik versteht, sondern diesen Begriff Politik muss man im selben Sinne erweitern, wie man auch den alten Kunstbegriff erweitert hat, den wir ja alle erarbeitet haben, auch Robert. Diese ganzen Aktionen waren ja wichtig, um den alten Kunstbegriff zu erweitern. So weit, so groß, wie möglich zu machen. Nach Möglichkeit ihn so groß zu machen, dass er jede menschliche Tätigkeit umgreifen kann. Wenn das stimmt, dass dieser erweiterte Kunstbegriff jede menschliche Tätigkeit umgreift, dass also jede menschliche Handlung zum Kunstwerk erklärt wird, folgt daraus ja logisch, dass das auch für einen Wissenschaftler gilt, für einen Physiker oder einen Chemiker. Es folgt auch logisch daraus, dass dies für einen Menschen gilt, der sich mit Philosophie oder mit Religionssystemen befasst. Ja eben, es folgt daraus, dass jede menschliche Tätigkeit damit umgriffen wird. Das fordert andererseits wieder, dass der Begriff Wissenschaft von sich aus ja auch diese Erweiterung gemacht hat, denn sonst wäre es nicht logisch. Also, wenn ich einen erweiterten Kunstbegriff fordere, fordere ich damit einen erweiterten Wissenschaftsbegriff.

[…]

Can I say something to you Joseph? In France during the revolution of may, last year, I thought: I know what students want, they all want to live like we do. This is what they want – all young people want to live like artists. This is what they claim, this is what they wrote on the wall.

Yes, okay.

In other words, I think that our ideas should be the base of all real values, in the world.

Yes. Und das ist, was man ganz knapp und radikal formulieren kann, weil meine Auffassung ist, und was auch in dieser Partei versucht wird, große Hoffnungen darauf zu setzen, dass eben eine Revolution aus der Kunst heraus entstehen kann. Das heißt nun wieder nicht, dass ich so eingebildet bin, zu glauben, dass es nur von den Künstlern kommen kann, aber aus dem Begriff Kunst oder Anti-Kunst, eben aus dem, was wir praktizieren. Und Robert hat ganz richtig gesagt, die Menschen wollen leben, wie wir leben – also wie Künstler leben. Daraus ist wieder zu ersehen, dass sie instinktiv genau das meinen, was ich meine, dass alles Wissen aus der Kunst letztendlich stammt.

[…]

I believe that the way we live has a revolutionary potential. Would you agree with me? In other words,

I believe if everybody would be an artist, we would all be free.

Ja, das ist richtig, nur stellt es sich mir etwas umgekehrt da. Ich würde sagen, erst muss beim Menschen ein Bewusstsein vorhanden sein, was ihn gewissenhaft formulieren lassen kann, dass er ein Künstler ist. Aber heute sehen die Menschen nicht ein, dass sie Künstler sein können. Die dringende Frage, die hier behandelt werden muss, ist und wird sozusagen auf der Akademie jeden Tag immer wieder von vorne mit tausend Missverständnissen wiederholt, dass die Leute sagen, Kunst hat keine Relevanz. Es ist so gesehen optimistisch, was Robert meint. Zwar wollen die Menschen so leben, aber andererseits sind sie zu gewissenhaft, einfach so leben zu können. Sie fragen sich, ist es berechtigt. Kann Kunst etwas zur Revolutionierung der Gesellschaft beitragen. Ist Kunst nicht sozusagen etwas, das nur ein Alibi für die Herrschenden ist und das ganze Vokabular, das man ja bis zum Erbrechen kennt, und was mich an und für sich langweilen könnte. Aber trotzdem weiß ich, dass es im Grunde aus einer Gewissenhaftigkeit kommt. Die Leute sind in unserer rationalistischen Welt großgeworden, in der praktisch die Kunst keinen Wert mehr hat. Wenn man die Welt rationalistisch sieht, muss man wirklich sagen: in einer rationalistischen Welt hat die Kunst keine Bedeutung. Sie ist nur wie eine Untergrundbewegung, die einen roten Faden aufrechterhalten hat, der im Grunde aus grauer Vorzeit stammt. Also auch noch mit dem Geistigen verbunden war, auch mit dem Mythischen, auch mit dem Magischen. Nun muss es sich selbstverständlich da herauswickeln. Es muss sich tatsächlich mit der menschlichen

Freiheit befassen. Aber die wenigsten Menschen sehen heute ein, dass sie diese Freiheit schon in sich verkörpern. Das ist ihnen alles vollkommen verbaut. Und ich rede von morgens bis abends eigentlich nur über die Freiheit. Ich versuche auch Freiheit immer wieder zu beweisen. Ich versuche wirklich auch Rücksicht darauf zu nehmen, was aus der Wissenschaft an Möglichkeiten da ist, etwas über die Freiheit zu sagen. Ich rede über Informationstheorie, weil ich der Meinung bin, dass das Informationsmodell, wenn man es konsequent und erkenntnistheoretisch durchdenkt, der Beweis dafür ist, dass der Mensch ein Wesen ist, das über sich hin ausgreift. D. h. er ist gar kein Erdenwesen. Er ist für diese irdischen Verhältnisse partout gar nicht gemacht. Er ist nur zu einem Teil auf dieser Erde, um etwas ganz Bestimmtes zu erarbeiten, was dann in einer weiteren Evolution darüber hinausgreift. Er wird auch nicht ewig auf dieser Erde leben. Er wird eines Tages vielleicht auf einem anderen Planeten leben. Unter anderen Verhältnissen, nicht mehr mit dieser Art von Körper. Das sind alles Dinge, die mit dem Begriff Plastik insofern zusammenhängen, weil Plastik den genetischen Ursprungspunkt bezeichnet. […] Die meisten Menschen vernachlässigen, dass ihr eigener Körper auch zur Umwelt gehört. Sie denken, nur, was sie umgibt, ist Umwelt. Mein Knie ist aber dem menschlichen Denken gegenüber Umwelt. Sogar meine Gefühle und Empfindungen und mein Wille sind dem Denken gegenüber Umwelt. Also es bleibt zuerst nichts anderes übrig als das Denken. Denken muss so weit zurückverfolgt werden, bis es außerhalb des Körpers steht. Bis der Mensch sich sozusagen von außen sehen kann.

Dass er sich sieht als einen Fremden. Dass er sieht, da bin ich, also ich bin im Grunde dahinten in meinem Denken. Aber jetzt muss ich mich mit meinem Körper befassen. Also ich muss mich mit einer Umwelt auseinandersetzen, die beginnt in meinem Körper. […] Wenn ich spreche, kann ich vom Denken her sehen, dass ich in die Umwelt eingreife, durch das Sprechen. […] Die Sprache ist ganz besonders plastisch, als sie auch schon Bewegung hat. Also das, was der Mund macht mit der Sprache, wenn Blubber aus ihm herauskommen, das sind auch wirkliche Plastiken, die man zwar nicht physisch sieht, aber die Luft wird bearbeitet, der Kehlkopf wird bearbeitet, der Mundraum artikuliert, das Beißen, die Zähne, usw. Bei dem, der die Plastik aufnimmt, bohrt sie sich in das Ohr ein. Und es ist nicht zufällig, dass es dort im Innern so viele Schnecken gibt. Die Schnecken betonen gerade das Ineinander des plastischen Prozesses stärker z. B. als das Sehen. Es geht ja sofort weiter, indem man sagt, Physiologie ist heute oberflächlich betrachtet. Man betrachtet sie als Ergebnis von irgendwelchen chemischen/physikalischen Prozessen. Das Ohr muss gesehen werden als ein plastisches Rezeptionsorgan. Ich komme dann auch logischerweise darauf, dass das Ohr besser in der Lage ist, Plastiken aufzunehmen als das Auge. Das Auge ist ein abgreifendes Organ. Es hat meines Erachtens viel abstraktere Tendenzen. Es greift die Form ab. Aber das eigentlich Plastische wird vielmehr vom Ohr aufgenommen. Zurück also. Denken ist für mich Plastik. Vor allem der Entstehungsprozess interessiert mich, da wo der Mensch wirklich frei ist, wo er nicht abhängig ist von einer Objektwelt außerhalb, sondern wo er selbst Dinge schaffen kann. Dann ist selbstverständlich Handeln Plastik. Der Gedanke greift nicht nur bis in die Sprache hinein, sondern der Gedanke wird u. U. zum Beispiel Schrift. Um Buchstaben zu machen, muss ich ja handeln, zumindest einen Füllhalter nehmen. Also Schreiben ist schon Plastik durch den Handlungscharakter. Ich kann natürlich auch Ton oder Fett nehmen oder Erde formen. Das ist, was man im konventionellen Sinn als Plastik bezeichnet. Da erreicht man den Punkt, an dem die Menschen verstehen, dass es sich um Plastik handelt. Sie sagen, ja, jetzt verstehe ich, das ist eine Plastik, aber nur aus einem konventionellen Verständnis. Im Grunde ist der Entstehungspunkt für eine Plastik interessanter als die Plastik selber …

Erschienen in: Robert Filliou, *Lehren und Lernen als Aufführungskünste,* Verlag Walter König, Köln/New York 1970, S. 160-165

Über die Arbeit mit Fett und mit Filz: »Vom Energiepunkt, dem Willenspol, zum Formpol oder Denkpol«*

Joseph Beuys im Gespräch mit Helmut Rywelsky in Düsseldorf, 18. Mai 1970, gesendet vom Sender Freies Berlin im Juni 1970

… *Wann sind Fett und Filz zum ersten Mal bei Ihnen aufgetaucht und warum?*

Ja, Fett und Filz sind aufgetaucht – ja wann war's? – um 1962, '63 herum, zunächst ganz kleine Elemente, zeichnerisch sogar schon etwas vorher, indem ich '61 herum auf Zeichnungen solche Raster gemacht habe, also Filterformen oder abdeckende Formen oder Formen, die etwas aufsaugen, die ich dann bezeichnet habe als Filter, wo ich dann manchmal geschrieben habe Filzfilter oder Mullfilter oder so etwas, also diese Elemente treten um diese Zeit auf, real tritt die erste Fettecke 1963 auf.

Dann wird man sagen dürfen, weder das eine noch das andere Material tauchte rein spielerisch auf?

Richtig, es tauchte nicht spielerisch auf, überhaupt nie; es tauchte immer im Zusammenhang mit einer Idee auf.

Wann wussten Sie dann, dass sie sich mit diesem Material längere Zeit beschäftigen würden?

Das wusste ich an dem Tag, als ich zum ersten Mal diese realen Aktionen mit dem Fett gemacht habe, überhaupt nicht. Es hätte durchaus sein können, nachdem ich zum Beispiel die Spazierstöcke mit Fett verlängerte, dass es gar nicht daraufhin zu den Fettecken gekommen wäre. Aber komischerweise schlossen sich dann sehr schnell nach den mit Fett verlängerten Spazierstöcken diese Fettecken an und es hätte durchaus dabei bleiben können, dass ich nie mehr etwas mit Fett gemacht hätte. Nun ist aber weiterhin dazu zu sagen, dass ich ja im Prinzip nichts anderes mit dem Fett gemacht habe, als Aktionen im Raum, die mehr oder weniger auf die Fettecke hin tendieren als ein bestimmtes Prinzip innerhalb dieser Aktionen mit diesem Material; dieser Bestandteil der Theorie hat auf der einen Seite das, was ich gebraucht habe, das chaotische, undifferenzierte Energiepotenzial, was sich dadurch aushebt, dass Fett sehr anfällig ist gegen Temperatur, also was ich dann auch unter Wärmekategorien bezeichnet habe, wo ich gesagt habe, hier handelt es sich um eine Wärmekategorie, um eine Wärmeplastik, wenn ich einen solchen chaotischen Energieschub aufgefangen habe, zum Beispiel durch eine Filzplatte, dann handelte es sich hier um das. Also jedenfalls zurück: Der vollkommen undifferenzierte Energieschub war für mich notwendig, um zum Entgegengesetzten zu kommen, so dass also das Fett in einer annähernden Tetraederform oder in einer angeschnittenen Kubusform in einer Ecke auftrat. An dieser Stelle hat das Fett eine ganz andere Information als an dieser. Weiter eine andere Information, wenn es durch die Mitte läuft. Wenn es durch die Mitte läuft, provoziert es den Bewegungscharakter; eigentlich lässt sich aus dieser Konstellation, von diesem Energiepunkt aus – man kann ihn auch den Willenspol nennen – zum Formpol oder zum Denkpol, hier spielt sich das Bewegungsprinzip ab. Dass also etwas transportiert wird, in Klammern: Vehicle Art. Und in diesem so blass aussehenden Schema äußert sich oder begründet sich der ganze Aktionscharakter. Eigentlich wird damit etwas Radikales ausgesagt über den Begriff Plastik, der im konventionellen Sinne ja einfach übernommen wird, in der Weise, dass man meint, man wüsste, was es ist; dieser Begriff wird aufgespalten, also regelrecht gespalten in seine Bestandteile. Indem man den Begriff Plastik in seine Bestandteile aufspaltet, kommt man zur Aktion; das ist das Gesetz.

[...]

Man vermutet in Ihren Kriegs- und Nachkriegserlebnissen die Wurzeln Ihrer Kunst; wenn das stimmt, welche Erlebnisse könnten das gewesen sein?

Ich bin eigentlich nicht so sehr daran interessiert, im Moment einzelne Dinge herauszugreifen, von dem, was behauptet wird und was vielleicht auch richtig ist. Es war nicht so, als ob ein einziger, nehmen wir mal an, ein einziger Katastrophenfall, der Auslöser alleine gewesen wäre, sondern die Summe der Katastrophen, die ich erlebt habe. Und ich habe eine große Summe von Katastrophen erlebt! Eigentlich kann ich sagen, diese Summe der Katastrophen ist nicht abgeschlossen, ich erlebe täglich diese Katastrophen. Viele Menschen sehen ja auch in meiner Arbeit einen Widerspiegel eines, sagen wir, sie sehen das darin gespiegelt, dass diese Charakterisierung meiner Arbeit sich nur mit dem Begriff Katastrophe darstellen lässt oder bezeichnen lässt; aber ich glaube, dass diese Arbeiten nicht gemacht sind, um Katastrophen darzustellen, zweifellos baut sich sozusagen ein Bewusstsein auf bei mir, durch erlebte Katastrophen. Da hat sich zweifellos etwas gebildet. Aber nicht ist mein Interesse, Katastrophen abzubilden. Auch wenn ich, nehmen wir an, so ein Objekt, wie Sie es jetzt gerade da haben, dieses KZ-Essen, wenn ich da ein Objekt auf einem Teller KZ-Essen nenne, geht es mir nicht darum, jetzt hier eine Reproduktion des Vorganges im KZ zu geben, sondern von diesem Katastropheninhalt, davon muss abschießen – wie eine Art Substanz – etwas anderes, etwas was dieses KZ-Essen überwindet; das ist sehr schwer zu verstehen, aber vielleicht ist es ein Vergleich. Man rechnet allgemein den Philosophen Wittgenstein zu den Positivisten, was er auch zweifellos ist. Wittgenstein ist aber über die Position des Positivismus meines Erachtens gerade aufgrund seiner Substanzbildung um ein ganz gutes Stück voraus. Er rechnet also in meinem Verständnis zu den Überwindern des Positivismus, obwohl er innerhalb des Positivismus eine ganz radikale Position innehat. Aber er verdichtet das Material, also er macht eine solche Katastrophe aus dieser Verdichtung dieses positivistischen Inhalts, dass davon – wie bei einer Atomzertrümmerung – Kräfte abschießen, die ganz anderer Natur sind; das ist eine Technik, die Homöopathen zum Beispiel wie Hahnemann, sozusagen zur Leitidee ihrer Therapie gemacht haben. Similia similibus curantur, das Gleiche mit dem Gleichen heilen; das ist ein homöopathischer Heilungsprozess. Ja, in etwa in dieser Richtung müsste man mein Interesse suchen …

Erschienen unter dem Titel *Heute ist jeder Mensch Sonnenkönig* als »art intermedia BUCH 3«, Köln 1970, o. S.

Zur Biographie. Über Tiermotive. Über Aktionen. Über Zeichnen

Joseph Beuys im Gespräch mit Hagen Lieberknecht am 29. September 1970

Zur Biographie

Biographie und Ausstellen

Eine der ersten Zeichnungen, die ich überhaupt gemacht habe, war »Was Joseph von Arimathia in der Tasche hatte«. Das ist ein ganz kleines Ding, so ein ganz graues, kleines Ding. Da ist so ein Kreuzchen da, und da hängt ein Lappen runter. Etwa die Größe einer Streichholzschachtel. Vollkommen unscheinbar. Auf einmal stellte sich das doch als wichtig heraus. Als eine wichtige Materialisation, an die ich anknüpfen konnte.

Wichtig wird es also sein zu fragen »Was geschah im Leben des Joseph Beuys, was in der Zeit?«, wenn man solche Dinge betrachtet?

Das ist bei jedem so. Da das bei mir so ist, ist das bei jedem so. Ich bin dafür eben ein Beweis.

Warum drängen Sie dann Angaben zu Ihrem Leben in bestimmte Richtungen, die beweisbar nicht von den Fakten gestützt werden? In den frühen Katalogen findet man noch weitgehende Angaben über Ihr Leben. Ab 1963, etwa einen Lebenslauf »Ausstellung«?

Das kam ganz von außen. Ich bekam eine Aufforderung zu einem Katalog und sollte eine Zusammenstellung von Ausstellungen machen, die es von mir bis dahin gegeben hatte. Und ich hatte immer einen Hass darauf, auf diese ganze Ausstellungsprotzerei und Angeberei. Da hab ich mir gesagt: jetzt mache ich die ganze Biographie zur Ausstellung. Ich bin nur Aussteller. Ich habe nur ausgestellt. Ich habe nichts anderes gemacht als ausgestellt. Geburt: »1921 Ausstellung einer mit Heftpflaster zusammengezogenen Wunde«. Das war eben ganz äußerlich und damit fing die ganze Biographie an.

Spiegele ich oberflächlich die landläufigen Vorstellungen, nicht zuletzt angeregt durch die »Ausstellungen«, wider, so finden sich sofort dunkle, die Fantasie anregende Lücken und Widersprüche. Flieger, Fallschirmspringer, klangvolle Orte wie Asowsches Meer, Kolchis, die Krim, Tundren und enge Hütten, Zeit auf dem Lande, und anderes mehr. Ist der Beuys abgestürzt? Ist er nicht? Keiner weiß was Genaues.

Das ist keine Tendenz, die ich beabsichtige, sondern ich habe das rausgenommen, was für mich am wichtigsten war. Die ganz lapidaren Ereignisse. Ich habe auch sehr viel vergessen. Das ist überhaupt nicht komplett, aber das ist gerade der Reiz der Biographie. Da sind unheimliche Sprünge und zeitlich ganz unwichtige Sachen. Aber gerade das macht mir Spaß, dass da ganz unwichtige Sachen drin stehen. Im Grund schrieb ich die Biographie an einem Abend.

Man könnte also sagen: Was Beuys über sich und sein Leben an dem und dem Abend zu sagen wusste?

Was sich mir am stärksten aufdrängte. Die Biographie gilt heute noch.

Geschichte
Versucht Beuys von dem Alptraum, den die Geschichte verursacht, aufzuwachen oder versucht er, einzutauchen in die Geschichte?

Einzutauchen. Ich versuche zu verstehen.

Daher führen Sie ständig Selbstversuche durch…

Es gibt keine andere Möglichkeit. Die Erfahrungen, die ich machte in dem kurzen Ablauf der Geschichte, den ich selbst erlebte, versuche ich zu verarbeiten. Obwohl die Zeit finster war, wirklich finster, versuche ich positiv zu sehen, warum sie finster sein musste. Was die Qualität der Zeit war. Die ganze Geschichte der Zwanziger Jahre! Die Leute sagen, die Goldenen Zwanziger Jahre. Ich fühle, das waren die finstersten Zeiten in diesem Jahrhundert, die Zwanziger Jahre. Ich fand sie außerordentlich finster. In der Zeit war ich natürlich ein kleines Kind. Auch deshalb sah ich die Zeit unheimlich. Sie kamen, die Leute. Und waren finster, alle, auch meine Eltern.

Das klingt außerordentlich quälend, aber auch außerordentlich konsequent. Etwa wie ein Selbstversuch beinahe wissenschaftlicher Art.

Genau. Mit dem Finsteren war auch die Technik verbunden. Dadurch war ich immer absorbiert, war beschäftigt. Die Technik der Zeit, in der ich groß wurde, war sehr interessant. Weil alle technischen Dinge noch ihren physikalischen Grundcharakter hatten. Die Glühbirnen hatten noch einen Kohlefaden; unten an der Birne war so ein Glaszipfel. Fantastisch! Diese elektrischen Dinge, die riesigen Widerstände. Neben unserem Haus lag eine Wäscherei, in der Dampfmaschinen mit riesigen Schwungrädern und Transmissionsriemen standen. Ich interessierte mich dafür, wenn die beheizt wurden. Sicherheitsventile, Schornsteine. Eben schon in der Kindheit habe ich mich damit unheimlich oft befasst. Auf der anderen Seite lag eine chemische Fabrik. Das faszinierte mich alles. Natürlich lag das auch in dem Finsteren. Und das Finstere lag auch wieder an der Technik. Es war ein intensiver Zusammenhang.

Objekte und Leben: Vadrec (t)

Viele Dinge, die später in Aktionen und Objekten Teil derselben wurden, waren Dinge, die Sie lange Zeit selbst gebrauchten. Der Kontext, in dem sich eine Wurst oder eine Heizplatte oder Fingernägel jetzt befinden, wird und ist notwendig ein anderer als der ursprüngliche Kontext. Wie weit durchdringen sich die verschiedenen Bezüge?

Weit. Oft. Dieser Schrank hier »Vadrec (t)«, der wird mal ein großes Objekt, mit anderen zusammen. Ein Pult und so Kleinigkeiten.

Was bedeutet »Vadrec«?

Gebirge. Damit leben wir schon, so seit etwa zwei Jahren. Eben ein Gebirge.

Dieser Umstand wird später kaum mehr rekonstruierbar sein.

Klar. Ist gar nicht nötig. Wenn der Schrank nun da steht, dann wird man den nicht als eine momentane Geschichte empfinden, sondern als eine Sache, die ein Dokument ist. Nicht nur von einem Augenblick, sondern von einer ziemlich langen Zeit.

Und dadurch wird das Objekt fähig, einen klaren Begriff von sich und Ihnen zu erzeugen?

Ja. Glaub ich doch. Der ist uralt, uralt, schon lange in der Familie. Das war doch alles fantastisch, grotesk und finster. Hier neben diesem Schrank bin ich geboren worden: Da, an der Seite. Von Zeit zu Zeit hat mich der Schrank unheimlich verfolgt. Ich hatte die ersten Träume neben diesem Schrank. Ich hatte einen, der kam jede Nacht wieder. Der spielte sich an der Tür des Schrankes ab. Es kam immer ein Sträfling mit schwarz und weiß gestreiftem Drillich. Eigentlich war ich so klein, dass ich das im Grunde gar nicht wusste. Aber das war mir klar, es handelte sich um irgendeinen Sträfling. Der tat nichts anderes, als zum Schrank zu gehen, schloss ihn auf und machte dann auf und guckte rein. Dann kriegte ich einen furchtbaren Schrecken. Es passierte aber nichts. Dann machte er ihn wieder zu und ging weg. Und den Traum hatte ich hunderte Mal. Mindestens fünfhundert Mal. Nachher wusste ich schon: wenn der Sträfling reinkommt und der geht an den Schrank, passiert nichts. Da hab ich ruhig weitergeschlafen. Da habe ich gar keine Angst mehr gehabt. Der kam zwar noch vorbeigeschlichen, und ich hab ihn einfach arbeiten lassen; der ging aber immer zur Türe. Mindestens fünfhundert Mal. Einfach so ein weißes Kleid. Ein Sträfling von oben bis unten. Schloss die Schranktüre auf und ging wieder weg.

Kann man Traumsituationen in ihren Aktionen und Zeichnungen finden?

Nein. Mit Träumen hab ich nichts zu tun, früher sicher. Jetzt nicht mehr.

[...]

Über die Tiermotive

Biene, Honig und Wachs

Es gibt ein Foto, das Sie mit Honig auf dem Kopf zeigt. Hat das, was Sie dort getan haben, mit einer Opfersituation Gemeinsamkeiten?

Honig und Gold.

Auch Gold?

Echtes Gold. Für zweihundert Mark echtes Gold. Erst ganz dick Honig und dann Blattgold. Für zweihundert Mark!

Wie haben Sie das Blattgold aufgetragen?

Da gibt es Platten. Die legt man einfach auf, und da sie sehr dünn sind, zerbrechen sie. Da hatte ich ganz viele Schichten. Eva hat mir eine Stunde lang immer wieder neue Schichten auf den Honig gelegt. Echtes Gold! Für zweihundert Mark echtes Gold.

Was war der Anlass?

Die Sache mit dem Honig ist natürlich schon sehr alt. Wie bin ich auf Bienen gekommen? Wie bin ich auf Wachs gekommen?

Und der Zusammenhang Honig und Totenwelt?

Mit Honig auf dem Kopf tue ich natürlich etwas, was mit Denken zu tun hat. Die menschliche Fähigkeit ist, nicht Honig abzugeben sondern zu denken, Ideen abzugeben. Das wird jetzt parallel gesetzt. Dadurch wird der Todescharakter des Gedankens wieder lebendig gemacht. Denn Honig ist zweifellos eine lebendige Substanz. Der menschliche Gedanke kann auch lebendig sein. Er kann auch intellektualisierend tödlich sein, auch tot bleiben, sich todbringend äußern etwa im politischen Bereich oder der Pädagogik.

Wir haben schon über die Biene gesprochen. Warum nimmt die Biene neben dem Hirsch eine so bedeutende Stellung ein? Wegen der Produkte Honig und Wachs – kristalliner Architektur und organischer Architektur –, wie Sie es einmal nannten?

Es ist zu sagen, dass bei der Biene nichts durcheinander geht, sondern dass das Organische, das die Biene erzeugt, sie in einem unheimlich kristallinen System anwendet. Also praktisch wie der Bergkristall, genau dieselbe kristalline Struktur wie der Bergkristall; und das ist natürlich erst mal ein schönes Geheimnis, dass da zwei Sachen unmittelbar zusammen existieren. Da sind auch architektonische Bahnen, und dazwischen ist das kristalline Gefüge und das ganz entgegengesetzte embryonale Bewegungsprinzip gebaut.

Im Sinne von Geheimnis, wie sie es eben erklärt haben?

Nicht im Sinne von Geheimnis. Etwa im Sinne von meinen Aktionen, wo ich sagte, dass Fett – bevor es in die Fettecke hineinkommt – den chaotischen embryonalen Charakter verkörpert, das sich über die Bewegung vollzieht – stellvertretend für den ganzen Verlauf der Aktion – in die kristalline Form hinein. Das ist natürlich selbstverständlich. Aus diesem Grunde liegen die Bienenplastiken, auch die Bienenköniginnen, ja ziemlich früh in meiner Arbeit; aber die Kontinuität mit diesen Fettaktionen ist da gegeben. Das ist einfach etwas, was ich erlebt habe.

Sie sagen in diesem Zusammenhang immer wieder »erlebt«?

Ja, erlebt. Auch erfahren. Das habe ich als Wirklichkeit, Realität, festgestellt.

Wie kommen solche Realitäten zustande? Wie sieht man sie?

Indem man versucht, irgendeine Ordnung in das ganze Zeug zu bringen.

»Zeug«, das ist die Umwelt?

Ja.

[…]

Tod des Hirschen und Denken

Die Vorstellungswelt, die Sie in Ihren Blättern mit Hirschdarstellungen belegen, ist ungeheuer reich. Die Besiegung des Hirschen durch das Pferd, das sich dem Menschen unterwarf. Der Sonnenhirsch, Artemis, ihre Hypostasen, etwa Iphigenie, das in den Tundren und Steppen herumziehende Tier.

Ist alles da.

Die Verbindung der Hirschkultur mit Irland in ihrem »Ulysses« und auf Blättern. Das Totentier, die christlichen Bezüge …

Alles da!

Sicher. Es ist alles da, aber sehr geschlossen da.

Ja, aber das ist so. So ist das nun mal.

Das ist sehr lapidar! »Es ist so.«

Ja, ja, ich meine, das tut auch gar nichts. Hier ist ja sehr viel davon drauf. Hier ist zum Beispiel der Hirschwagen. Da ist das, was ich als einen Glassarg oder einen Kristall bezeichne.

Oft aber als ein Zeichen für Denken!

Ja, der Glassarg ist auch ein Zeichen für Denken.

Selbst, wenn darin ein totes Kind liegt?

Ich habe ja gesagt: Der Sinn des Denkens ist, die Materie zu erreichen. Die Materie erreicht man aber nur, wenn man den Tod erreicht und im Tod ist das kristalline Prinzip … einfach … wohl oder übel … notwendig. Und das ist praktisch der Glassarg. Das Koordinatensystem ist auch ein Glassarg. Und Denken ist auch eine Sache. Man kann das Denken erst denken, wenn man den Tod erreicht hat und das ist der Sinn.

Dann ist der Tod eine ganz komplizierte Ordnung?

… Ja sicher … Ich meine jetzt Tod als einen Begriff, der mit dem Denken verbunden ist. Intellektuell zu denken, analytisch denken zu können, eine Sache auseinander nehmen, zu sezieren, chirurgische Arbeit leisten zu können ist nur denkbar auf Grund einer Todesmoral, die die Dinge als Materie zu handhaben versteht. So meine ich.

Das menschliche Hirn, was man als ein Basisorgan für das menschliche Denken bezeichnet, was es auch ist, das ist ein Stück Scheiße, sagen wir bewusst Scheiße, weil es Scheiße ist. Weil es nämlich Tod ist, und die Nervenfasern daran sind im übrigen das Toteste, was es überhaupt gibt am Menschen. Das Blut ist ein viel lebendigeres Organ. Das Denken ist lediglich der Glassarg, die materielle Unterlage im Reflexionsorgan, so hart wie ein Spiegel. Und immer wieder kommt man auf den Glassarg. Das Denken ist ein Spiegelorgan, in dem Augenblick, wo das bewusst wird, ist klar, dass das Denken nur durch den Tod vollzogen werden kann. Und dass es darüber hinaus etwas Höheres gibt für ewige Kulturzukunft und dass es einfach dabei bleibt, dass wir in dieser Kultur bleiben und dass das Denken auf ganz andere Weise sich vollziehen kann, dass man nach vielen Kulturepochen mit dem Knie denken kann, und ich behaupte, das kann man heute schon.

Hase

In der Aktion »Und in uns – unter uns – landunter« (Wuppertal 1965) passiert schrecklich viel. Da wird erst einmal ein Osterhasenfilm auf Filz projiziert.

Ein Osterhasenfilm?

Zusammengestellt aus Kinderbildern (lacht) mit Osterhasen, und der wird vom Filz fast verschluckt. Dann wird das grau und man sieht eigentlich wenig. Ein ganz bisschen Farbe und die Ostereier und wie der Hase die Eier bemalt. Von der Decke hing noch eine Gugelhupfform, die war, genau wie in Edinburgh, mit plastischem Material gefüllt.

Kennen Sie irische Märchen vom Hasen?

Nein, ich kenne den Hasen aus meiner unmittelbaren Erfahrung. Der Hase hat direkt eine Beziehung zur Geburt. Eine Beziehung in die Erde, nach unten. Für mich ist der Hase ein Symbol für die Inkarnation. Das ist mir übrigens andeutungsweise passiert. Denn der Hase macht das ganz real, was der Mensch nur in Gedanken kann. Er gräbt sich ein, er gräbt sich einen Bau. Er inkarniert sich in die Erde. Und das allein ist wichtig. So kommt er bei mir vor.

Tiermotive

Von Kind auf habe ich mich sehr für Tiere interessiert, ausführliche Studien gemacht, ganze Bücher vollgeschrieben. Ich habe auch angefangen, Biologie zu studieren, aber mit dem Studium aufgehört, weil ich mit der Ordnung, die diese Wissenschaft anstrebt, nicht einverstanden war. Weil ich instinktiv fühlte, dass für mich eine andere Ordnung galt. Diese Ordnung hat sich durch meine plastische Arbeit ergeben und es bildeten sich da einige Leitmotive heraus. Aber deswegen ist ein Igel nicht weniger wert. Ich kann einen Igel in Relation zum Hasen setzen. Aber jetzt habe ich Leitmotive, die für meine Arbeit und vor allem für mein spezielles politisches Vermögen eine bestimmte Rolle spielen. Ich habe einige Angelpunkte gefunden.

Sicher, sehr geschlossen. Der Hirsch ist dem Publikum allgemein über das 19. Jahrhundert zugänglich, allerdings scheitert es bei Ihren Blättern. Die Nähe zu Lascaux oder anderen Höhlenmalereien kommt sofort.

Ja, weil ich an dem bürgerlichen Aspekt nicht interessiert war. Aber da ist etwas daran, dass gerade die Tiere eine Rolle spielen, die der Bürger liebt; also die Masse liebt. Die Masse liebt einen Hirsch, einen Hasen, die Masse liebt auch Bienen. Sie symbolisieren so richtig das, was ein Durchschnittsbürger liebt. Die Biene ist fleißig, der Hirsch ist stolz und der Hase bringt Ostereier.

Sie würden den Durchschnittsbürger und seine Vorstellungen in einen Mythos oder so eine Ikonographie einbeziehen?

Man sollte die Masse nicht unterschätzen.

Würden Sie die Wahl für typisch halten?

Ich empfinde die Wahl als richtig. Sagen wir mal, dass sie sich Figuren ausgesucht haben, die ganz bestimmte Urbilder sind, die sozusagen das Eigentliche überlagern.

Über Aktionen

Aktionen und Planung

Man wird wahrscheinlich später einmal feststellen, dass von der ersten Zeichnung bis zur letzten Aktion in Ihrem Werk eine Kontinuität besteht, die überraschend ist; die der Themata, die fast wie Planung aussieht.

Ja, sicher. Aber das ist nicht geplant, wohl immer wieder durchmeditiert und immer wieder überlegt; aber mehr ins Nachhinein. Immer wieder angesetzt und über die Ergebnisse reflektiert. Selbstverständlich wurde auch vieles geplant.

Sie kennen den Mythenkreis um Iphigenie, um nur eine Aktion zu nennen, recht genau.

Ja, klar.

Und Sie würden trotzdem sagen, dass Sie mit Ihrer Aktion einen Beitrag zum Mythos geleistet haben. Etwa wie Goethe einen bestimmten Beitrag leistete, so hat auch Beuys einen Beitrag geleistet und dadurch den Mythos am Leben gehalten.

Davon bin ich überzeugt.

Auch wenn Sie nur Ablehnung und Unverständnis ernten?

Ja, absolut. Unbedingt.

Der Mythos ist also nicht vollständig, wenn Sie nicht einen Beitrag geleistet haben. Ihn heute leisten?

Richtig. Das ist vollkommen richtig. Ich will das herstellen, was heute notwendig ist; etwas ganz Neues. Ich will gar nichts Altes allein sichtbar machen, sondern das herstellen, was notwendig ist, und dadurch kommt sehr viel, was alt und vergessen ist, hervor. Es wird aktuell.

Aktionen und Vorarbeit

Zur Aktion in Frankfurt bekam ich den Text der Iphigenie fünf Tage vor der Aufführung. Die sagten, das ist hier der Text, den haben wir ein bisschen gestrichen, einige unwichtige Sachen. Dann setzte ich mich in mein Fellzimmer und habe den Text auswendig gelernt.

Liefen die benutzten Ereignisse nebeneinander her? Beeinflussten sie sich oder stellten sich plötzliche Ideensprünge ein?

Natürlich. Es kam immer wieder etwas hinzu. Man bekommt im letzten Augenblick eine Idee, kriegt Material in die Hände. Zufällig. Man sieht, es ist brauchbar; dann nimmt man es.

Gehen Sie Kompromisse ein?

Nein. Überhaupt keine. Kompromisse gehen nicht. Als ich jetzt nach Edinburgh fuhr, hatte ich eigentlich überhaupt nichts.

Nur das Bewusstsein, ich mache dort ein Konzert. Ich hatte Filme bestellt, ein Klavier und vieles andere. Ich wusste nicht, was kam. Ich wusste nur, ich mache das Konzert. Innerlich bereitete ich mich vor. Als ich hinkam, stand dort ein alter Stock. Es stellte sich heraus, dass der wichtig war. Den brauchte ich. Unterwegs sah ich in einem Geschäft eine Axt. Die kaufte ich, denn unter Umständen konnte ich sie gebrauchen.

Die hab ich hingestellt und doch nicht gebraucht, aber es war gut, dass sie da stand. Dann fing ich an. Sah mich im Raum um und fing an, alles ein bisschen abzutasten und die entsprechenden Zeichen zu entwickeln; einen Zeitplan zu entwerfen, dann kam Hennig Christiansen dazu. Wir fingen einfach an.

Hat die Tatsache eine Rolle gespielt, dass Sie in Edin-

burgh waren? Die gleiche Aktion an einem anderen Ort, hätte die sich verändert?

Sicher. Klar – vorher hatte ich die Situation mir angesehen. An einer anderen Stelle – völlig anders.

Sie sprachen früher einmal von der Beeinflussung des Ortes in Bezug auf Ihre Arbeit. Zum Beispiel geben sie Kleve als Geburtsort an, sind aber tatsächlich in Krefeld geboren?

Der Ort ist wichtig. Denn ich sage, wir leben nun mal auf diesem Planeten, und wenn man den als einen Organismus betrachtet, der lebt, so spielt der Ort eine Rolle. Einfach erst als Frage. Was ist das hier in Schottland? Was ist das hier? Dann fing ich an so zu riechen, dann stellte ich meine Antennen raus und habe sofort Empfang. Sofort. Das lebte schon lange in mir: Schottland, Arthurs Tafelrunde, die Gralsgeschichte. Die Elemente trafen sich und traten zu Tage. Auf Grund der Vorarbeit. Man muss das nicht einfach als Partitur werten. Die Vorarbeit hängt mit meinem Leben zusammen.

[…]

Über Zeichnen

Farben

Die Farbigkeit Ihrer Aquarelle scheint mir sehr problematisch zu sein. Stellt, zum Beispiel, die Fußbodenfarbe, das Braun, das Sie häufig benutzen, eine Reaktion auf die Schwierigkeiten dar, die Sie mit Farben haben? Oder würden Sie diese Farbe gar nicht als Farbe bezeichnen?

An und für sich ist das keine Farbe – in meinem

Sinne –, sondern eine Form für Substanz. Einfach für einen überlagernden Stoff. Mich reizt das Überlagernde. Das ist ja eigentlich ein verdecktes Rot, Erde oder Mutter. Man kann es auch als plastische Substanz sehen.

Ihre Verwendung geht also nicht von der Farbigkeit eines Stoffes aus?

Ich gehe nicht vom Farbproblem aus. Mehr vom Substanzproblem. Manche Farben habe ich auch parfümiert, aber meistens verschwindet der Geruch nach vielen Jahren. Manche halten den Geruch. Ich habe auch Farben mit Lavendelöl und mit Rosmarinöl gemischt.

Sie arbeiteten auch mit oxydierenden Farben; solchen die sich nachträglich veränderten.

Ja. Mit Silberbromid und Eisenchlorid. Mit vielen Chemikalien. Mit sich langsam entwickelnden Farben, die erst an der Sonne erscheinen. Oder es gibt Blätter mit Ätzungen. Die Säure frisst das Blatt allmählich weg. Mit Jod, z. B. das Jod deckt, löscht alle Farbigkeit aus, und dann hat man eine Zeichnung und nach einer gewissen Zeit ist die weg. Da bleibt nichts mehr von übrig. Ich komme ganz anders an die Farben ran. Das ist schon richtig.

Das erschwert das Betrachten und Verstehen Ihrer Blätter und Objekte. Zum Beispiel im Fond III. Nach der Körperfarbe kann man den nicht beurteilen.

Nein. Die Farbe ist unwichtig.

Also wird Hintergründigeres als die Oberfläche und im gewissen Sinne auch Hintergründigeres als der Schluss auf das Material gemeint?

Material ist mir zu grob. Besser Substanz. Wie die Substanz lebt als chemischer Prozess. Denn die Zeitungen des Fond III zerfallen ja mit der Zeit. Auch das Braunkreuz verändert sich. Es oxydiert. Im Grunde nenne ich die farbigen Sachen ja nicht Aquarell oder so. Erst mal nenne ich alles Zeichnung. Ob das nun Ölfarbe ist oder Beize. Alles Zeichnung. Einen Hass habe ich auf Kreiden, aber Kohle mag ich schon eher, oder Graphit. Kreidiges liegt mir nicht. Im Grund sind also alles Zeichnungen.

Heftpflaster, Mull, Wunde

Sie verwenden zum Zeichnen Jod. Sie wickelten einige Objekte in Mull oder besser: Sie verbanden sie. In Ihren Titeln tauchen häufig Hinweise auf Verletzungen, Wunden und Blut auf.

Jod ist ein Element, das als Kontrastmittel benutzt wird, etwa in der Röntgendiagnose. Bei mir tritt Jod wie Filz auf, als Isolator oder als eine Sache, die abbildet. Der Sender trifft auf die Jodschicht und dort wird abgebildet. Eine Schwärzung, eine Trübung im Jod. An den entsprechenden Eisenpräparaten interessiert mich die Verwandtschaft mit Blut.

Diese Verwendung von Jod oder anderen Mineralpräparaten kann man bei Ihnen nicht in visuellen Kategorien beurteilen. Sie schlägt der traditionellen Verwendung ins Gesicht. Der Grund der Anwendung liegt also nicht in der äußeren Form. Wenn nun Heftpflaster von Ihnen verwendet wird, wie bei der Wanne in der Sammlung Schirmer, welche Ebene thematisieren Sie dann?

Beim Heftpflaster taucht die Vorstellung von Verletzungen und Wunden auf. Oder eines Traumas.

Heißt das jetzt Jugend?

Ja, durchaus.

Eine Frau, die ihr Kind in der Wanne wäscht? Sich wäscht?

Heftpflaster tritt fast immer in den Trauma-Geschichten auf, die durchaus bei mir da sind. Es gibt auch Darstellungen mit Selbstmördern und Heftpflastern. Sie sind natürlich selten, wenn das also auftauchte, war bei mir irgendwas nicht in Ordnung.

Qualität der Striche

Auf Ihren Blättern findet man völlig verschiedene Stricharten. Eine weich und…

Filzig…

… die andere scharf, oft sehr gratig.

Genau. Aber da ist dann auch ein ganz anderes Material im Spiel.

Oft auch sehr spröde, oder brüchig.

Bei einer Steinplastik-Zeichnung. Der Kopf ist dann wie Stein. Die Zeichnung hat dann Gewicht. Die andere ist mehr filzig, da spielen Elemente wie Filter und Isolieren mit hinein. Das eine hat Wärme, das andre ist kalt.

Sie sagten einmal: »Wenn ich etwas genau sagen will, muss ich scharf und klar zeichnen. Einen scharfen, analysierenden Strich benutzen.«

Ja, klar. Ein Strich hat aber auch Temperatur. Man kann sagen, der hat Wärme. Er ist pelziger oder flockiger. Das ist wirklich wahr.

Ein Strich hat Temperatur? Geben Sie diese Qualität dem Strich direkt oder übertragen?

Es kommt darauf an, was dargestellt wird. Jeweils. Ich kann Filz nicht ausdrücken, indem ich ihn hart oder architektonisch zeichne. Er muss weich und diffus sein. Manchmal nehme ich einen weichen Bleistift.

Haben Sie präzise Formumrissvorstellungen?

Eine Umrissvorstellung ist meist härter. Filzig ist meist etwas aus dem Inneren, etwas das gärt. Da kann es keinen scharfen Umriss geben. Man muss erst mal ein Klima ausbilden.

Gibt es Zeichnungen, die nur reine Umrisse zeigen?

In bestimmten Zeiten dominierte das, aber die Zeichnungen aus der Temperatur kommen erst später. Und häufen sich dann.

Sie sagen »Zeichnen gleich Sprechen gleich Denken«. Hat nun die Schärfe eines Striches mit der Intensität oder anders mit dem zu überwindenden Widerstand beim Zeichnen zu tun?

Sicher.

Der Zeichengrund etwa ist Ihnen in der Art der Strukturierung gleichgültig?

Natürlich. Ja. Eigentlich ja. Das Weiche meint eigentlich nur ein Klima, etwa eine Emanation oder eine Ausstrahlung.

Dagegen ein primitives Bein kann in Strichen dargestellt werden, das ist ein apperativer Rhythmus. Aber sonst, bei Temperaturen, bei Aussparungen, da geht das nur mit weichen Strichen.

Sie arbeiten auf verschiedenen Ebenen. Einmal auf der des Bezeichneten und der des Zeichens.

Das macht gar nichts. Sicher. Aber es kommt darauf an, was ich darstellen will.

Auszüge in: Katalog *Joseph Beuys – Sammlung Lutz Schirmer*, Kunstverein St. Gallen 1971, S. 7-17

Über den Filzanzug. Über den Wärmebegriff. Über Multiples *

Joseph Beuys im Gespräch mit Bernd Klüser und Jörg Schellmann im Dezember 1970
Erschienen unter dem Titel »Fragen an Beuys« im Ringbuch zur Ausstellung »Joseph Beuys – Multiples + Grafik« in der Galerie Schellmann, München Februar/März 1971

… *Warum hat der* Filzanzug *keine Knöpfe?*

Ja, das liegt am Charakter des Filzes, das hat sich auf natürliche Art ergeben, er ist geschneidert nach meinem eigenen Anzug, und ich meine, das Ganze muss immer noch den Charakter von Filz in dem Sinne haben, dass er nicht dahin tendiert, sozusagen »schnieke« geschneidert zu werden. Man muss den Filzcharakter lassen, die Kleinigkeiten alle weglassen, zum Beispiel komplizierte Umschläge, Knöpfe, Knopflöcher usw., und wenn ihn einer tragen will, kann er ihn mit Sicherheitsnadeln zumachen.

Ist die Assoziation an Anzüge von Strafgefangenen, denen man Knöpfe und Hosenträger abschnitt, um sie zu entwürdigen, zutreffend?

Natürlich habe ich daran gedacht, aber es hat keinen direkten Bezug dazu. Er ist ja nicht gemeint als ein Anzug, den die Leute anziehen sollen, sondern der Anzug ist gemeint als ein Objekt, was man gerade nicht anziehen soll. Man kann ihn anziehen, dann deformiert er natürlich in ganz kurzer Zeit, weil Filz kein Material ist, das die Form hält, denn der Filz hat ja keine gewebte Struktur, sondern ist ja nur ein meistens aus Hasen- oder Kaninchenhaaren zusammengepresstes Haarzeug, eben verfilzt, aber eignet sich nicht für Knopflöcher und sowas …

Wie soll man den Filzanzug aufbewahren?

Das ist mir vollkommen gleich. Man kann den Anzug an die Wand nageln, man kann ihn auch auf einen Bügel hängen, ad libitum! Man kann ihn aber auch tragen oder man kann ihn in eine Kiste werfen.

Spielt bei dem Anzug das Material Filz die Rolle eines Isolators der physischen Wärme des Menschen?

Der Wärmecharakter – ja, das ist klar. Der Filzanzug ist nicht nur ein Gag, sondern eine Erweiterung meiner Filzplastiken, die ich auch in Aktionen gemacht habe. Hier tritt der Filz ja auch als ein Wärmeelement oder Isolator auf, unter allen Kategorien von Wärmeplastik wird er da benutzt, meistens im Zusammenhang mit Fett. Und davon ist das ein Abzweiger. Also hat einen Bezug zum Wärmecharakter.

Der Wärmebegriff reicht schließlich viel weiter – es ist nicht einmal physische Wärme gemeint, denn wenn ich diese gemeint hätte, hätte ich in meinen Aktionen viel besser zum Beispiel Infrarotlicht nehmen können. Ich habe eigentlich eine ganz andere Wärme gemeint, nämlich geistige oder einen Evolutionsbeginn.

Die Dinge reichen sehr weit zurück, spielen aber auch heute wieder eine sehr große Rolle, wenn man nach der Zukunft des Menschen fragt, wenn man danach fragt, wie kann ich mich als ein schöpferisches, kreatives und freies Wesen empfinden und nicht als ein gebundenes, wie es ja im Marxismus vorkommt, dass der Mensch vom Environment abhängt, dass er also von der Außenwelt determiniert ist.

Wenn es wahr wäre, was der Marxismus sagt, dass der Mensch abhängig ist vom Environment, also vom Vorgegebenen, gäbe es ja eigentlich gar keine Geschichte. Geschichte gibt es nur dadurch, dass immer aus einem, jetzt nenne ich es vergleichsweise einen evolutionären Prozess, der sehr weit zurückreicht – Licht, Wärme, Körperlichkeit, schließlich in der Körperlichkeit die geistige Tätigkeit usw. –, dass dadurch der Mensch charakterisiert wird als ein schöpferisches Wesen.

In dem Zusammenhang hat es letzten Endes seinen Grund, so weit reicht der Wärmebegriff zurück. Also: Wärme als evolutionäres Prinzip. Dies liegt sehr weit zurück. Man kann noch weiter zurückgehen und fragen: Wie ist die Welt zustande gekommen? Da gibt es bestimmte, ich nenne sie einmal »Schwellenzeichen« oder … zum Beispiel bei Johannes heißt es »Am Anfang war das Wort …«, im Sinne dieses Begriffes ist das Wort der Logos. Was macht der Logos? Er beginnt den Evolutionsprozess. Wie wird schließlich aus einem Wort, oder ich nenne es auch ein Schwellenzeichen, wie wird daraus Materie, wie wird daraus ein richtiger lebender Mensch?

Das sind für mich wichtige Fragen; sie reichen sehr weit zurück und sind in den Aktionen vor allen Dingen durch die Charaktere von Filz und Fett sozusagen erstmals dargestellt und wirken psychisch weiter, mehr kann ich, mehr will ich zunächst nicht sagen, weil meines Erachtens, wenn es in der Diskussion kommt, die Begriffe immer wieder anders fallen werden.

Jetzt kann man wieder zurückkommen zur Ausgangsfrage: Warum Multiples, warum diese verbreiten?

Ich glaube, wenn Menschen schon ein verstofflichtes Ding haben, irgendeines, das aus diesem Umkreis des Denkens entstanden ist, dann erinnern sie sich zurück und sagen: Ja, das war damals und sieht anscheinend so aus, als sei es genau das Gegenteil von dem, was er jetzt sagt. Das sieht ziemlich dadaistisch aus, können die Leute sagen oder es sieht ziemlich materiell aus, aber jetzt sagt er etwas, was ganz metaphysisch oder spirituell sich anhört, und wie ist hier der Zusammenhang? Das heißt, der Zusammenhang zwischen einem einfachen Ding zum Beispiel als Edition, einem ziemlich zufälligen Ding, und dem, was jetzt über Evolution oder Menschenerkenntnis gesagt wird oder über die zukünftige Ausrichtung innerhalb der Politik, Erziehung, Freiheit, Gleichheit, Brüderlichkeit, alle diese Dinge, die sicherlich in nächster Zeit zur Sprache kommen werden, und ich meine, gerade diese Dinge werden sich in der Zukunft als politisch relevant erweisen. Denn das ist ja immer die Frage: Was sollen diese Dinge denn für die politische Veränderung bewirken, diese dummen Flaschen zum Beispiel, das ist doch gar keine realpolitische Arbeit.

Alle diese Dinge kreisen um die Frage, die Sie am Anfang gestellt haben: Warum sind Sie an Editionen interessiert und warum sind Sie an Ausbreitung von Vehikeln interessiert?

Ich bin eben daran interessiert, wie ich auch an Ausbreitung von Ideen interessiert bin, die politische Veränderung ins Blickfeld nehmen oder Ausbreitung philosophischer Erkenntnisse, die ebenfalls eine Veränderung des Menschen in der Zukunft ins Blickfeld nehmen. Also immer, dass der Mensch erkannt wird als einer, der aus einem weiten Hintergrund – was man Wärmeprinzip nennen kann oder Logos nennen kann – verpflichtet ist, sozusagen etwas zu produzieren. In diesem Zusammenhang wird der Mensch gesehen als ein kreatives Wesen, als ein Produzent, ganz gleich, ob es sich um einen Juristen handelt, wo das Produkt endet in einem Plädoyer oder einem Schriftstück, oder ob das Produkt endet in einem Sich-Bewegen oder ob es endet in einem, sagen wir, stärker ausgeprägten Ding.

Hier wird der Satz interessant: Jeder ist Künstler. Das können die Menschen meines Erachtens gerade in diesen Objekten erfahren, dass jeder Künstler ist, denn viele Leute werden sagen: »Warum mache ich nicht selbst so etwas, solche Dinge.« In dem Satz »Jeder ist Künstler« wird einfach gesagt, dass der Mensch ein kreatives Wesen ist, dass er als Kreator produzieren kann und zwar sehr vielfältig. Es ist mir im Prinzip gleichgültig, ob die Produktion von einem Maler oder Bildhauer stammt oder von einem Physiker …

In: *Joseph Beuys – Die Multiples. Werkverzeichnis der Auflagenobjekte und Druckgraphik 1965–1986*, bearbeitet und herausgegeben von Jörg Schellmann, 7. neubearbeitete Auflage, Edition Schellmann, München – New York, im Schirmer/Mosel Verlag, München 1992, S. 9-20

»Nicht wenige sind berufen, sondern alle« Über die Arbeit mit den Studenten an der Kunstakademie Düsseldorf

Joseph Beuys im Gespräch mit Georg Jappe im Oktober 1972
Auszüge erschienen zuerst unter dem Titel »Etwas sinnlich Greifbares muss entstehen« in der *Frankfurter Allgemeinen Zeitung* vom 2. November 1972

… *Wie geht eigentlich ein Tag an der Akademie vor sich?*

Ich gehe täglich in die Akademie, auch samstags, auch in den Semesterferien, wenn ich nicht dringende Aufgaben auswärts habe wie diesen Sommer die documenta. Urlaub kenne ich seit Jahren nicht. In der Ferienzeit ist die Arbeit besonders fruchtbar, da kommen die intensivsten Studenten. Und täglich ist wichtig, damit man mit jedem sprechen kann. Wichtig ist die kontinuierliche Praxis von morgens bis abends. […] Mit der Beantwortung von Fragen geht es los, kann ich Ihnen das zeigen, manche warten schon am Tor. Doch seit den großen Schülerzahlen führe ich nie ein Einzelgespräch, weil in dieser Notsituation ein Privatgespräch nicht so effektiv ist, damit an jeder Korrektur alle etwas lernen können. Damit jeder Student nicht nur an seinem Eigenproblem lernt. […] Die Studenten tragen die verschiedensten Aspekte heran, aus dem Bereich Plastik, Malerei, Zeichnung. Ich habe keinen festen Lehrplan. Jeder soll auf seine Intention aufbauen und die in Frage stellen, damit sich etwas klärt. Im Anfang lehne ich jedes gestellte Thema ab, jeder soll sein Thema herausstellen. Dann beginnt das Gespräch über das Gesetzmäßige an der Sache. Ich halte die Studenten an, sich ein Tagebuch anzulegen, wo sie alle Begriffe aufnotieren sollen, damit sie ein Repertoire bekommen.

Einige Kollegen und das Ministerium werfen dir vor, du könntest so viele Schüler gar nicht ausbilden, dazu fehle es allein schon an den Arbeitsplätzen. Du hast da ganz andere Ansichten und Praktiken. Könntest du sie erläutern?

Von 330 Schülern sind etwa die Hälfte jeden Tag präsent, und diese 150 sind auch nicht den ganzen Tag in der Schule, sie stellen ihre Arbeit vor, wollen einen Ratschlag oder unter Umständen eine Aufgabe, wenn sie festgefahren sind, dann empfehle ich ihnen Literatur oder bestimmte Bilder im Museum anzusehen, besonders wenn es sich um Farbauftragsfehler handelt. Am wenigsten Erfahrung besteht in der Stoffbehandlung. Das reicht von der Aktionskunst bis zu akustischen Dingen, ich habe ja auch Musiker und optische Schriftsteller, aber auch Bildhauer im klassischen Sinne, und viele beginnen mit Porträts. Es gibt Korrekturen, die anderthalb Stunden dauern, damit man auch die philosophischen Aspekte anfasst, manchmal weitet sich eine Korrektur zum Kolloquium aus. Ich glaube nicht, dass eine Kunstschule, die Wert auf neue Kunstbegriffe legen muss, noch auf feste Arbeitsplätze in der Schule fixiert sein muss. Das ist an die handwerkliche Auffassung von Kunst gebunden, an Hobelbock und Zeichentisch. Das Bedürfnis ist nur noch bei einzelnen vorhanden. Wer einen Arbeitsplatz wünscht, kann ihn noch heute haben, weil die Mehrheit Beweglichkeit anstrebt und die Schule als meeting-point sieht. Da können sich Kolloquien spontan entwickeln, andere werden aber auch vorher angekündigt, das sind dann die von Studenten aufgeworfenen Fragen, z. B.: die Frage des Raums, oder der Unterschied von konkreter Plastik und Bildhauerei.

Was bedeutet diese Unterscheidung?

Es wird oft behauptet, in meiner Klasse sei alles nur konzeptuell oder politisch. Ich lege aber größten Wert darauf, dass etwas sinnlich Greifbares entsteht, bei breiten erkenntnistheoretischen Grundlagen. Heute habe ich z. B. einem Studenten gesagt: alles, was du vorträgst, ist gedanklich – dein Bild, das du hier so schön erklärst, kann ich umdrehen. Dann habe ich es umgedreht und ihm klar gemacht, wenn du deine Kraft nicht in die Darstellung legst, sondern in Begriffe, dann ist das Bild nur Entschuldigung, Rechtfertigung, deine schönen Gedanken kommen auf dem Bild gar nicht vor. Denken und Sprache sind als Plastik zu betrachten, ganz so, wie ein Bildhauer eine Plastik sieht. Mein Hauptinteresse ist dabei, bei der Sprache zu beginnen und Materialisierungen folgen zu lassen, als Zusammenhang von Denken und Handeln. Am wichtigsten ist für mich, dass der Mensch anhand seiner Produkte Modelle erfährt, wie er am Zusammenhang des Ganzen mitwirken kann, und nicht nur Artikel produziert, sondern Bildhauer oder Architekt wird am gesamten sozialen Organismus. Die zukünftige Gesellschaftsordnung wird sich nach den Gesetzmäßigkeiten der Kunst formen. Wie ein Relief zur Entflechtung, zur Atmung kommen muss – weil die Plastik sich selbst schlecht fühlt, sage ich den Schülern in solchen Fällen –, so auch die gesellschaftliche Organisation. Mein Begriff von Organisation ist insofern ein künstlerischer, weil er sich nach den Gesetzen der Organik und in organischen Formen vollziehen muss. Und das tut die konkrete Plastik. Bildhauerei ist abstrakter, geometrisch, montierend; konkrete Plastik vollzieht sich elementar organisch, wie Tiere sich entwickeln, wie das Blut sich durch die Adern arbeitet, das Wasser im Fluss sich bewegt.

Für welche Studenten entscheidest du dich?

Die Mappendurchsicht habe ich immer abgelehnt. Nur war der Zustrom an Studenten nicht so groß. Das künstlerische Lehramt hat immer aussortiert. Von 100 Bewerbern wurden nur 12 genommen. Dann fehlte es an Kunsterziehern, ab 1965 konnten sie auch in den freien Klassen studieren und taten es immer mehr, das Denken in Abteilungen hörte auf. 1969 stellte sich akut, dass Mappendurchsicht kein Verfahren ist, die Begabung zu ermitteln. Im Anfang stand ich mit Dieter Rot allein: ich nehme zunächst jeden, der will. Seine Fähigkeit wird in zwei Probesemestern überprüft, in schwierigen Fällen in drei. An der Akademie alten Stils musste man drei Semester lang Ohren zeichnen, da war das eine kurze Zeit, heute ist das ein ausreichender Spielraum, um Ansätze zu einer Selbstentfaltung zu zeigen. Überprüft wird an den Arbeiten, aber die Studenten überprüfen sich ja auch an den Fähigkeiten der anderen. 90% derer, die gehen, entscheiden sich freiwillig; 40 sind letztes Semester freiwillig ausgeschieden. Nur in manchen Fällen muss ich einen energischen Rat geben, nach meiner Meinung wirst du unglücklich damit. Sie können es bei einem Kollegen versuchen, sonst werden sie exmatrikuliert.

Das ist kein Schleichweg um den Numerus Clausus herum, wie der Minister behauptet.

Hast du denn nach zwei Semestern dann Kriterien?

Ja, sicher.

Kannst du sie nennen?

Farbsinn, so jemand Malerei macht. Kunst kann man lernen, eine gewisse Begabung wird wohl Voraussetzung sein, aber Fleiß gehört dazu. Kunst kommt von Kunde, man muss etwas zu sagen haben, auf der anderen Seite aber auch von Können, man muss es auch sagen können. Und dann Sinn für Proportionen, für Maße, Formsinn, Sinn für Gleichgewicht. Natürlich ist das subjektiv. Aber es gibt keine Möglichkeit, Urteile zu fällen außerhalb des Subjekts. Die naturwissenschaftliche Objektivität reicht nicht aus, zu objektiven Urteilen in der Kunst zu kommen. Objektive Urteile in der Kunst sind nicht unbedingt rationalisierbar, sie sind aber auszudrücken. Zum Beispiel, dass aus einem überladenen Inhalt kein übergeordneter Formzusammenhang kommt. Unterbewusste Ströme in Formen gießen, diese psychedelischen Rülpser, die unreflektiert aufsteigen und vom Formpol nie erfasst werden, das ist eine Art Krankheit, eine Art seelische Krebsgeschwulst. Da kann man zunächst zur Therapie schreiten, nimm, was aus dir aufsteigt, nicht so ernst, nimm draußen etwas wahr, damit nicht alles chaotisch bleibt. Oder dieser weit verbreitete Unendlichkeitscharakter, diese Schlingelemente kannst du nun Straßen und Brücken lang weitermachen, und doch wird es nie eine fertige Sache mit spezifischem Ausdruck. Ändern sich solche Fehlhaltungen nun gar nicht, so muss ich auf die Gefahr hin entscheiden, dass ich mich in einem Einzelfall geirrt habe, aber in den allermeisten Fällen ist es doch so, dass ich es nicht verantworten kann, dass derjenige länger seine Lebenszeit damit vertrödelt.

Warum wendest du inzwischen fast deine ganze Energie auf Ausbildung und Aufklärung?

Es ist die Folge der Erweiterung des Kunstbegriffs. Das politische Büro hat zum Mittelpunkt die Selbstbestimmung. Kunst hat das auch zum Mittelpunkt, jeder Mensch ein Plastiker, der sich die Dinge bestimmen muss. Im Zeitalter der Individuation, aus kollektiven Banden heraus, ist Selbstbestimmung der zentrale Begriff. Aber man darf die handgreifliche Praxis nicht aus dem Auge verlieren, was tagtäglich unter den Händen entsteht. Die pädagogischen und politischen Kategorien sind die Folge der Fluxusaktionen. In die Umwelt Formen zu setzen, ist der Beginn dessen, was in politische Bereiche hineingreift. Das Mitspiel des Publikums stand damals im Mittelpunkt der Diskussion, und es zeigte sich, dass Aktionismus als Mitspiel nicht genügt, der Mitspieler muss aus seinen Denkkräften etwas beizutragen haben. Ein Gesamtkunstwerk ist nur im gesamtgesellschaftlichen Raum möglich, jeder Mensch wird ein notwendiger Mitschöpfer sein in einer sozialen Architektur. Solange der letzte nicht mitspielen kann, ist keine ideale Form der Demokratie erreicht. Ob Künstler, Maschinenbauer oder Krankenschwester: es geht um Partizipation am Ganzen. Kunst wendet sich mehr an ein Gebiet, wo die Empfindungskraft zum Erkenntnisorgan ausgebildet wird und damit in ganz andere Bereiche vorstößt als die formale Logik. Ich habe erkennen müssen, dass nur eine ganz kleine Minderheit noch in der Lage ist, die Bilder zu verstehen. Die Zeit erzieht zu abstrakten Begriffen. Auf der documenta habe ich erfahren, die meisten Menschen glauben Kunst verstandesmäßig begreifen zu müssen – die Erlebnisorgane sind vielen schon abgestorben. Es sollen Begriffe gebildet werden, die an dieser Bewusstseinslage anknüpfen, um über ganz andere Kraftzusammenhänge zu sprechen. Viele haben von Mystik gesprochen. Aber im Grunde bin ich daran interessiert, auf ein Menschenbild zu sprechen zu kommen, dass im herrschenden Wissenschaftsbegriff keinen Raum hat. Und dazu bedarf es der ästhetischen Erziehung der Menschen. Die isolierte Kunsterziehung muss abgeschafft werden. Das künstlerische Element ist generell in alle Fächer hineinzutragen, in die Muttersprache, Geographie, Mathematik, Turnen. Ich plädiere für ein Bewusstsein, dass es nach und nach keine andere Möglichkeit gibt, als dass die Menschen künstlerisch erzogen werden. Diese künstlerische Erziehung könnte erst eine leistungsfähige Gesellschaft gründen. In unserer Leistungsgesellschaft wird die Leistung von Machtverhältnissen bestimmt. Aber es sind nicht einige wenige berufen, zu bestimmen, wie die Welt verändert wird. Sondern alle. In einer wahren Demokratie bleiben keine anderen Unterschiede als die Fähigkeiten. Erst dann ist sie frei entwickelbar, wenn die Stauungsmechanismen verschwinden. Einer der größten Stauungsmechanismen ist die heutige Schule, weil sie die Menschen nicht entwickelt, sondern bestimmt.

In: Georg Jappe, *Beuys packen. Dokumente 1968–1996*, Verlag Lindinger + Schmidt, Regensburg 1996, S. 200-205

Ich durchsuche Feldcharakter

Geschrieben im Februar 1973 für den Katalog der Ausstellung »Kunst im politischen Kampf – Aufforderung, Anspruch, Wirklichkeit« im Kunstverein Hannover vom 31. März bis 13. Mai 1973

Erst unter der Bedingung einer radikalen Begriffserweiterung gerät Kunst und die Arbeit mit ihr in die Möglichkeit, heute das zu bewirken, was beweist, dass sie die einzige bewirkende evolutionäre Kraft ist, die fähig wird, repressive Wirkungen eines vergreisten und auf der Todeslinie weiter wurstelnden Gesellschaftssystems zu entbilden, um zu bilden: *einen sozialen Organismus als Kunstwerk.*

Diese modernste Kunstdisziplin Soziale Plastik, Soziale Architektur wird erst dann in vollkommener Weise in Erscheinung treten, wenn der letzte lebende Mensch auf dieser Erde zu einem Mitgestalter, einem Plastiker oder Architekten am sozialen Organismus geworden ist. Dann erst würden die Forderungen der Aktionskunst von Fluxus und Happening nach Mitspiel ihre volle Erfüllung finden, dann erst wäre Demokratie voll verwirklicht. Nur ein so revolutionierter Kunstbegriff kann zu einer politischen Produktivkraft werden, die durch jeden einzelnen Menschen hindurch sich vollzieht und Geschichte macht. Allerdings muss das und vieles Unerforschte erst in die Bewusstseinsinhalte hineinkommen. Es bedarf der Einsicht in objektive Zusammenhänge. Es muss zurückgefragt werden (Erkenntnistheorie) auf den Entstehungsmoment von freier, individueller Schöpferkraft (Kreativität). Dann kommt man an eine Schwelle, wo der Mensch sich als ein primär geistiges Wesen erfährt, und seine primärsten Produkte (Kunstwerke), sein tätiges Denken, sein tätiges Fühlen, sein tätiges Wollen und die höheren Formen davon, beobachtbar werden als plastische Produktionsweisen, die den Gesetzmäßigkeiten des aufgespaltenen Begriffs Plastik in seine Bestandteile Unbestimmtheit-Bewegung-Bestimmtheit entsprechen (siehe Plastische Theorie) und sich ausweisen als in die den Weltinhalt bestimmende Richtung verlaufend. Nach der Zukunft hin.

Dies ist der Kunstbegriff, der den geschichtlich gewordenen bürgerlichen Wissenschaftsbegriff (Materialismus, Positivismus) mitrevolutioniert. Ebenfalls die Weisen religiöser Tätigkeit.

Jeder Mensch ist ein Künstler, der aus seiner Freiheit, denn das ist die Position der Freiheit, die er unmittelbar erlebt, die andere Position im *Gesamtkunstwerk zukünftige Gesellschaftsordnung* bestimmen lernt. Selbstbestimmung und Mitbestimmung im kulturellen Bereich (Freiheit), in der Rechtsstruktur (Demokratie) und im Wirtschaftsbereich (Sozialismus), Selbstverwaltung und Entflechtung (Dreigliederung) findet statt: Der freie demokratische Sozialismus.

»Der Tod hält mich wach«

Joseph Beuys im Gespräch mit Achille Bonito Oliva in Rom am 30. November 1973
Zuerst erschienen in dem Katalog der Ausstellung »Beuys zu Ehren«, Städtische Galerie im Lenbachhaus, München 1986, S. 72-82

... In Ihren Filmen und Aktionen gibt es immer informelle Elemente; es werden Beziehungen zum Happening sichtbar, zum dadaistischen Umgang mit dem Objekt. Ich würde gern wissen, ob Sie diese Hinweise auf Happening, Informel und Dadaismus für zutreffend halten, oder ob sie für Sie völlig uninteressant sind.

Ich glaube nicht, dass es eine Beziehung zum Dadaismus gibt, und ich sehe auch keine direkte Beziehung zum Happening. Mir scheint eigentlich, dass gerade die Leute, die den Begriff des Happenings aufgebracht haben, viele Amerikaner nämlich, von Anfang an gemerkt haben, dass ich etwas machte, das von ihrer Konzeption weit entfernt war; sie haben instinktiv gemerkt, dass ich von Beginn an gegen das Happening arbeitete und dass ich etwas ganz anderes wollte. Zum Beispiel habe ich nie gedacht, dass es ausreichte, Leute von einem oberflächlichen Standpunkt an einer Performance teilnehmen zu lassen, sie zu einem Aktivismus zu bewegen, der für sie ohne jeden Inhalt war. Ich glaube auch, dass zur Aktivierung des Menschen eine weitaus größere Energie notwendig ist. Tatsächlich muss der ganze kreative Prozess aktiviert werden; der Mensch soll seine Gefühle nicht durch eine bestimmte Aktivität äußern, indem er etwas kaputtschlägt, indem er anklagt und zerstört. Ich habe nie die Hoffnung gehabt, dass etwas dieser Art den Menschen befreien würde; ganz im Gegenteil: von einem oberflächlichen Aktivismus habe ich nie etwas erwartet.

Was den Unterschied zwischen Ihren Aktionen und den Happenings betrifft, stimme ich Ihnen zu, und zwar deswegen, weil es in Ihren Aktionen immer um ein Problem der Kommunikation geht, nicht um die direkte Einbeziehung des Zuschauers. Es ist also immer das Problem des Eros da, als Möglichkeit der physiologischen Berührung mit der Gemeinschaft. Dies zeigt sich, wie ich glaube, auch im Gebrauch, den Sie von Ihren Materialien machen.

Der Begriff des Eros enthält eine Vielzahl von Facetten, und es könnte sein, dass sein Inhalt im Italienischen ein anderer ist als im Deutschen; ich bin nicht in der Lage, das zu beurteilen. Aber ich verstehe, was Sie meinen, und ich glaube, dass es richtig ist. Die Kommunikation, an der mir sehr viel liegt, hat sich in meinem Fall so intensiv offenbart, dass die Leute, die sie verstanden haben, jeweils ganz anders reagiert haben. Gestern habe ich kurz erklärt, wie das während der Aktion benutzte Material zunächst roh, chaotisch und daher völlig formlos ist; gelegentlich, so wie ich es manchmal gemacht habe, wird es mit Wärme behandelt, bis zum Schmelzpunkt.

Ich habe von der während dieses ganzen Prozesses entwickelten Wärme gesprochen; damit meine ich aber nicht physikalische Wärme, sondern das, was Sie als Eros bezeichnen. Mit thermoplastisch meine ich nichts, womit man einen Ofen beheizen könnte. Vielmehr gehe ich von einem metaphorischen Wärmebegriff aus, der sich, wie ich schon sagte, mit dem Begriff des Eros decken könnte.

[…]

Wie ist Ihre Vorstellung von Gott?

Darüber werde ich jetzt sprechen, aber nur theoretisch. Zunächst muss ich eine wichtige Feststellung wiederholen. Wenn der Mensch durch die Umwelt bestimmt wird, gibt es keine Freiheit. Wenn die Freiheit existiert, kann sie nur aus der Kreativität stammen. Wir haben gesagt: Freiheit = Kreativität = Mensch. Also wird Freiheit durch das schöpferische Prinzip erreicht. Wenn also der Mensch nicht Gott ist, wer sonst? Wenn wir nicht ganz so extrem sein wollen, können wir auch sagen, dass Gott der Generator ist, um es naturwissenschaftlich auszudrücken.

Aber wenn der Mensch ein Gott ist, wieso steht er vor dem Problem des Todes? Wie wird er damit fertig?

Weil er den Tod einfach als Methodologie der Schöpfung akzeptiert. Weil er ihn für sich wünscht. Weil er im Grunde einsieht, dass er ohne dieses Element des Todes nicht imstande wäre, bewusst zu leben. Er würde wie ein Stück Seetang im Ozean leben. Wenn er sich nur für das Leben interessierte, könnte er genauso gut ein Stück Seetang sein. Er interessiert sich jedoch für den Tod, d.h. für den Geist, die Form. Wir können sagen, dass der Mensch ein Gott ist, oder jedenfalls eine Verlängerung von Gottes Finger, ein Helfer.

Ein Helfer?

Ja. Das sind nur theoretische Überlegungen. Ich spreche ungern über Gott. Deswegen setze ich den

Großen Generator ganz oben. Den Großen Generator, der auch eine Maschine ist, ein Stromgenerator.

Könnten Sie bitte jetzt etwas über den Tod als Methodologie sagen?

Wir haben nun einige andere Begriffe gestreift, die erklären, dass ohne den Tod das Bewusstsein unmöglich ist. Greifen wir diese These auf. Ich habe ein paar Begriffe zitiert, um zu demonstrieren, weshalb das Bewusstsein vom Tod ausgeht. Weil die ganze Entwicklung, die durch das Christentum geschieht, die Entwicklung in der Philosophie und Naturwissenschaft, eine Reduktion des Lebens ist. Unser Materialismusbegriff verweist auf einen toten Materialismus, auf die chemische Analyse, auf Messwerte: das sind alles tote Größen, Abstraktionen. Hier ist es klar, dass das Bewusstsein ohne den Tod unmöglich ist. Das heißt, dass ich nur dann bewusst bin, wenn ich gegen eine Ecke stoße, eine harte Kante. Wenn ich mit meinem Kopf gegen eine harte Kante stoße, dann wache ich auf. Mit anderen Worten, der Tod hält mich wach.

Dem Tod zu trotzen heißt also, dass man ihm ins Auge schaut, ihn ins Bewusstsein rückt?

Da ist ein innerer Widerspruch. Aber es ist sehr mysteriös. Ich sage, dass ich aufwache, indem ich mit dem Tod ringe, doch beinhaltet der Begriff des Aufwachens etwas Lebendiges. Der Tod ist ein Mittel, um das Bewusstsein zu entwickeln, um zu einem höheren Leben vorzudringen: einem *höheren* Leben, das ist wichtig.

Wie bei Novalis: die Nacht als Weg zur Erkenntnis und zur Wirklichkeit.

Ja, genau. Alle diese Dinge treten jetzt erst zutage. Novalis wurde zu früh geboren. Er musste vor einem positivistischen Wissenschaftsbegriff zurückweichen. Heute aber ist dies sehr aktuell. Heute können wir verstehen, wieso Novalis zu früh geboren wurde. Wir wissen, warum Novalis zurückgedrängt wurde: weil die Todeslinie noch nicht erreicht war. Die Todeslinie musste sich noch bis zum äußersten entfalten.

Heutzutage ist der Tod aber immer mit Gewalt verbunden, nicht wahr?

Ja, ja. Das kommt nicht nur durch die falschen politischen Systeme, sondern auch von diesem Wissenschaftsbegriff. Die Ursachen sind nur oberflächlich politisch; die politischen Formen sind nur das Ergebnis dieser Entwicklung, die man nicht ausschließlich dem Bürgertum anlasten kann. Man sollte die ganze geschichtliche Entwicklung miteinbeziehen und die methodologischen Schritte aufzeigen, um klarzustellen, dass die Ursache unseres Dilemmas nicht nur beim Bürgertum oder beim Kleinbürgertum liegt. Die kleinbürgerliche Phase war eine revolutionäre Phase; in dieser Epoche leben wir heute noch. Die Ursachen sitzen sehr viel tiefer und haben etwas mit dem Christentum zu tun.

Das heißt nicht, dass das Christentum versagt hat, sondern nur, dass es lediglich ein – freilich wichtiger – erster Schritt war, und dass das Christentum, d. h. der Sozialismus, erst jetzt richtig anfangen kann, indem es den Tod in einem positiven Sinne reflektiert.

Aus dem Englischen von John Ormrod.
Überarbeitete Fassung unter dem Titel »Dialog über die Kunst, die Architektur der Welt, mit ihrem Architekten Joseph Beuys« in: Achille Bonito Oliva, *Eingebildete Dialoge*, Merve Verlag, Berlin 1992

»Coyote: I like America and America likes me«

Caroline Tisdall über die Aktion »I like America and America likes me« in der Galerie René Block, New York, 21. bis 25. Mai 1974. Nach Gesprächen mit Joseph Beuys im Mai 1974

Die Aktion »Coyote« begann auf der Reise von Europa nach Amerika. Nach den Eisfeldern Labradors, menschenleeres Niemandsland der Gedanken, bedeckte der Mann seine Augen, und dies war das Letzte, was er von Amerika sah.

Am Kennedy Airport wurde sein ganzer Körper in Filz eingewickelt, das Material, das für ihn Isolation und Wärmehülle zugleich bedeutet. Er wurde in einen Ambulanzwagen verladen, bewegliche Erinnerung wissenschaftlicher Therapie, und gleich zu dem Ort gebracht, den er mit dem Kojoten zu teilen hatte. Eine Woche später wird man ihn wieder filzisoliert in einen Ambulanzwagen verpacken, Anfangsstation seiner Rückreise nach Europa, Rotes Kreuz für den Mann, Blaues Kreuz für das Tier.

Dazwischen lag tagaus, tagein der öffentliche Dialog: lange, ruhige, beinahe schweigende Tage des Dialogs zwischen Repräsentanten zweier Gattungen, zum ersten Mal zusammen in einem Raum. Ein langer, heller Raum, drei Fenster, Licht und Schatten der dahingehenden Tage. Die Sonne des späten Frühlings schuf ein irgendwie ländliches

Leuchten, blond, braun und grau, welches sicherlich nichts zu tun hatte mit der urbanen Szene jenseits der Fenster. Eine schwarze Gitterbarriere trennte den Mann und den Kojoten von den Menschen, die kamen und gingen. Diese Barriere wurde zur Grenzlinie, zu einer Zone der Freiheit für den Protagonisten, und sperrte doppeldeutig die Zuschauer in einen Käfig. In der äußersten hinteren Ecke dieses Raumes lag das Stroh, das mit dem Kojoten gekommen war.

Der Mann hatte Objekte und Elemente aus seiner Welt mitgebracht, um sie in diesen Raum zu stellen, schweigende Repräsentanten seiner Ideen und seines Vertrauens. Er stellte sie dem Kojoten vor. Der Kojote reagierte auf Kojotenart: er forderte sie mit seiner Geste des In-Besitz-Nehmens. Eines nach dem anderen wurden sie ihm gezeigt, und auf eines nach dem anderen pisste er langsam und entschlossen: Filz, Spazierstock, Handschuhe, Taschenlampe und Wall Street Journal. Die Objekte wurden im Raum angeordnet, die beiden langen Filzlängen in der Mitte, eine zu einem Haufen zusammengebracht, aus dem die Taschenlampe herausleuchtete. Ganz vorne im Raum lagen zwei saubere Stapel des Wall Street Journal, fünfzig pro Tag und jeden Tag die neue Ausgabe.

Der Mann hatte auch ein Repertoire an Bewegungen und ein Zeitkonzept mitgebracht. Auch diese waren den Erwiderungen des Kojoten unterworfen und wurden von ihm moduliert und konditioniert. Der Mann ließ das Tier niemals aus dem Auge. Die Sichtlinie zwischen ihnen wurde zum Zeigersystem eines geistigen Zifferblattes, das den Ablauf der Bewegungen maß, und die Geschwindigkeit des Dialogs durch Zeit bestimmte. Der Mann führte seine Bewegungsfigur aus, eine auf den Ko-

joten hin gerichtete Choreographie, Zeitablauf und Stimmung vom Tier reguliert. Meistens dauerte die Sequenz etwa eineinviertel Stunde, manchmal viel länger. Alles in allem wiederholte es sich gut dreißigmal, aber Stimmung und Klang waren nie dieselben.

Der Kojote tritt auf

Die Energien und Wunden eines Kontinents sind tief miteinander verbunden und schreiten zusammen fort. Sie stecken sich in dem Stoff der Geschichte gegenseitig an. Der Schnittpunkt von Energie und Trauma in Europa oder Eurasien ist ein andauerndes Thema in Beuys' Arbeit. In »Coyote« konzentrierte er sich auf ein amerikanisches Gegenstück, das, wie er fühlt, den Gang der Geschichte der Vereinigten Staaten beeinflusst hat. »Ich glaube, dass ich mit dem traumatischen Punkt in der Zusammensetzung der Energien in den Vereinigten Staaten in Berührung gekommen bin, mit dem Indianer, mit dem Roten Mann.«

Hier erscheint das Bild des Kojoten, von den Indianern verehrt und zur Gottheit erhoben, vom Weißen verachtet und verfolgt: Gegensatz und Abgrund. Die Wunde muss genommen und geheilt werden: »Man könnte sagen, wir sollten die Rechnung mit dem Kojoten begleichen. Erst dann kann diese Wunde geheilt werden.«

Für die Indianer war der Kojote einer der Mächtigsten im Kreis ihrer Gottheiten. Er verkörperte die Kraft der Wandlung und wie der Hase oder der Hirsch in eurasischen Mythen, konnte er seinen Zustand vom körperlichen in den geistigen verwandeln und umgekehrt. Sein sexueller Appetit war unersättlich und er konnte sich sogar durch seinen Anus umstülpen …

Dann kam der weiße Mann und mit ihm die Veränderung des Status des Kojoten. Seine bewunderte himmlische subversive Kraft wurde zu dem degradiert, was Jung in seinem Vorwort zu den Legenden der Pueblo-Indianer den »Archetyp des Tricksters« nennt. Seine Erfindungskraft und Anpassungsfähigkeit wurde jetzt als niedrige und gemeine Verschlagenheit gebrandmarkt: aus ihm wurde der »mean coyote« und weil er jetzt als antisoziale Plage eingeordnet war, konnte die weiße Gesellschaft legalisierte Rache an ihm nehmen und ihn wie einen »Dillinger« jagen.

Für Beuys ist die Verfolgung des Kojoten ein Beispiel dafür, dass der Mensch dazu neigt, seine Minderwertigkeitsgefühle auf ein Hassobjekt oder eine Minderheit abzuladen. Dieser Hass und dieses Gefühl der Minderwertigkeit treiben ihn immer wieder dazu, das Objekt seines Hasses auszumerzen, den Sündenbock und den ewig Getretenen in jeder Gesellschaft, wie das Europa der Pogrome und Konzentrationslager ihn gut kennt oder zu vergessen vorzieht. Amerika ist reich an Minoritäten, aber die Indianer als die Alteinwohner sind ein besonderer Fall in der Geschichte der Verfolgungen, in der der Kojotenkomplex sich als eine »unbewältigte Vergangenheit gegen die Indianer fortsetzt«.

Deswegen isolierte Beuys sich von dem Rest von Amerika. »Die Art und Weise des Zusammentreffens war wichtig. Ich wollte mich ganz auf den Kojoten konzentrieren. Ich wollte mich isolieren, mich ganz abschirmen, nichts anderes sehen von Amerika als den Kojoten.«

Es gab auch andere Gründe, den Kojoten zu wählen. Beuys denkt (»oder wenigstens glaube ich, dass es dies ist, das ich gesehen habe«), *dass der Kojote unter den Tieren war, die mit den Indianern nach Amerika hinübergewandert sind. Das würde bedeuten, dass sie beide bei ihren Wanderungen in der Vorgeschichte die Polarkappe überschritten haben. So wären beide veränderte Sprösslinge des Lebens von Eurasien, dem weit gespannten Kontinent, über den die Ost-West-West-Ost-Strömungen hinweglaufen. Beuys stellt diese Strömungen durch seinen Energieleiter, der gebogenen Krücke des Eurasienstabes, dar, der auch in seinen Zeichnungen, Plastiken, Environments und Aktionen erscheint. »Coyote« in Amerika ist eine Weiterführung dieses* Hauptstromes. *Der Kojote wurde Teil des organischen Kreises, gesellte sich zu den Steppentieren, dem Hasen und seinem nahen Verwandten, dem sibirischen Wolf. Diese Tiere sind, wie auch das weiße Pferd in Beuys' »Iphigenie«, nach Imaginationen der Wandlung (Transformation) existent.*

»Zuerst brachte ich den Filz hinein, dann kam das Heu, das der Kojote mitbrachte: Diese beiden Stoffe tauschten wir sofort untereinander aus: er ließ sich in meiner Zone nieder, ich mich in der seinen. Er benutzte den Filz und ich das Stroh. So hatte ich es erwartet. Ich hatte mir vorgestellt, wie ein Kojote sich verhalten würde … es hätte auch anders sein können … Aber es lief gut. Wahrscheinlich hatte ich die ›geistige Lage‹ richtig eingeschätzt … ich hatte wirklich einen guten Kontakt mit ihm.«

Die zwei Filzbahnen waren ganz gleich, hatten aber unterschiedliche Funktionen. Eine war die umhüllende, veränderbare Form, die andere das Äquivalent zum Stroh, der Haufen, aus dem die Taschenlampe leuchtete; »und wie der Filz in meinen Aktionen mit doppelter

Bedeutung eingesetzt ist, als Isolator und als Wärmehülle, so wurde er auch hier genommen. Isolation von Amerika und Wärmeübermittlung für den Kojoten. Die Aufgabe war, die Westkräfte zusammenzuhalten und ein Wesen aus dem Gruppenseelengebiet oder Reich zu sein. Ich musste dem Kojoten eine entsprechende Gewalt zeigen, aber auch, dass jetzt Menschen mit ihm sprechen, indem sie mit der Gruppenseelengottheit zusammenarbeiten und deshalb war ein Wechsel in den Gebärden angezeigt: einmal war es mehr eine hieratische Figur – ein Schäfer –, dann aber, wenn ich aus dem Filz heraussprang, war ich ein ganz gewöhnlicher Mann oder mit meinem aus der Form gegangenen Hut ganz wie im Zirkus.« (Tulpenhut) »Ich wollte ja alles in einen schönen schwingenden Rhythmus bringen, vor allen Dingen, um ihn an das zu erinnern, was man die Genialität seines besonderen Tierseins nennen möchte und um ihm zu zeigen, dass auch er die Möglichkeit zur Freiheit hat, oder dass er als ein wichtiger Mithelfer bei der Herstellung von Freiheit benötigt wird.«

»Die Doppeldeutigkeit von Filz bei Einsatz in Aktionen als Isolator und als Erzeuger von Energien wird in ›Eurasien-Stab‹ durch ›Der bewegte Isolator‹ ausgedrückt.«

Warum waren die Aktionsgeräte braun angemalt? Warum muss der Filz grau sein? »Die Farben sind neutral, sie sind eigentlich verschwundene Farben, braun und grau. Der Filz zum Beispiel könnte nicht rot sein, oder weiß. Mein Wille sagt mir, dass die Helligkeit ganz zugedeckt sein muss. Auch Braun ist ein sehr stark abgedecktes Rot, der Wille plastisch zu sein. Braun ist Erde und gestaute Urfarbe Rot, erdige Wärme, eingetrocknetes Blut. Durch die Stauung werden aber die Lichtfarben oder Spektralfarben als Gegenbilder geradezu hervorgetrieben.«

Die Taschenlampe war eines dieser braun bemalten Elemente. »Die Taschenlampe war ein Bild für Energie. Zuerst beherbergt sie diese Energie gesammelt, dann nach und nach schwindet die Energie im Laufe des Tages, bis die Batterie erneuert werden muss. Hier entwickelte sich eine seltsame Gegenströmung. Der Energiestrom des Kojoten lief anders. Er wurde gegen Abend, wenn die Taschenlampe und das Tageslicht im Schwinden waren, wenn das Licht schwächer und die Schatten länger wurden, immer lebendiger.

Eine Taschenlampe war auch ein wesentlicher Bestandteil im Überlebenspaket auf jedem Schlitten von ›Das Rudel‹ gewesen. Fett, Filz, Taschenlampe, letztere als physikalische Parallele zum Orientierungssinn. Auffallend, wie die Augen des Kojoten zum Licht der Taschenlampe passten, und wie er, wenn er auf dem Filz lag, seinen Kopf immer in die Richtung wandte, in die das Licht strahlte. Die Taschenlampe selbst war im Filzhaufen verborgen: »Ich wollte sie nicht als technischen Gegenstand zeigen. Sie sollte eine Lichtquelle sein, eine Feuerstätte, das Glühen einer schwindenden Sonne oder das Flimmern von Sternenlicht aus diesem grauen Haufen.«

Der Stock ist ja nun bereits gut bekannt: Der Eurasien-Stab *wird als Energieleiter gebraucht. In »Coyote« zeigte er, je nachdem wie er gehalten wurde, drei Strömungsrichtungen: horizontal gehalten, am Boden gestreckt – Energiestrom über die Oberfläche der Erde, auf-*

rechterhoben und vertikal – der Durchgangsweg des Geistes von oben nach unten, normal gehalten, Krücke zum Boden und frei herausgestellt, das ist der Auftritt des gewöhnlichen Showman (nicht Schamane!).

»Der Stock wurde zur Verlängerung meines Kopfes, der sich vor dem Kojoten in einer Art von Anbetung neigte. Ich blickte ihn immer an, richtete mich nach jeder seiner Bewegungen aus. So entstand das Bild einer geistigen Uhr. Es ist wichtig, das zu erwähnen, denn die ganze Zeit über waren alle meine Aktionen vollkommen von den Aktionen des Kojoten abhängig. Wenn er sich mir näherte, verbeugte ich mich vor ihm, legte er sich nieder, kniete ich, schlief er ein, fiel ich um. Sprang er wieder auf, warf ich den Filz weg und sprang auch auf. So kamen die Umläufe zustande.«

[…] *Am Ende jedes Umlaufes warf Beuys die braunbemalten Handschuhe dem Kojoten zu, der zu diesem Spielzeug eine besondere Zuneigung entwickelte.*

»Die braunen Handschuhe stellen meine Hände dar, die Bewegungsfreiheit, die der Mensch mit seinen Händen hat. Sie haben ja die Freiheit, die verschiedensten Dinge zu tun, eine große Auswahl an Werkzeugen steht ihnen zur Verfügung, sie können mit einem Hammer zuschlagen oder mit einem Messer schneiden, sie können schreiben oder Dinge formen. Die Hände sind universal und das ist bezeichnend für die menschliche Hand. Ohne spezialisiert sein zu müssen, sind die Hände vielseitig zu gebrauchen, weil sie embryonal sind. Sie sind nicht in einseitigen Gebrauch hineingezwungen wie die Greife des Adlers oder die Grabschaufeln des Maulwurfs.«

»Wenn ich Little John die Handschuhe zuwerfe, soll das heißen, dass ich ihm meine Hände zum Spielen gebe.«

»Menschliche Universalität, ein krasser Gegensatz zum Wall Street Journal, dieser die verknöcherte Totenstarre des Denkens über Kapital *(im Sinne des Gezwungenseins in Geld und Macht-Herrschaft) am eindeutigsten verkörpernde Wirtschaftszeitung. Ein Symptom unserer Zeit, in der* Kapital *schon längst der* Kunstbegriff *geworden sein müsste. Auch das ist ein Aspekt der Vereinigten Staaten. Mehr als das, es ist auch die geminderte und untergrabene Auslegung für Geld und Ökonomie, die aus dieser unorganischen Fixierung, die auf Rechts- und Weseswidrigkeit der Begriffe der modernen Geldwirtschaft beruht, nur sich weiter vermehrenden Krankheitsherden in allen Produktionsfeldern des Gesellschaftskörpers, im kulturellen Feld, im Rechtsfeld und im sozialen Feld, den Boden bereiten kann.«*

»Das war das Ende des Ablaufs. Aber weil alles in Kreisen verlief, könnte man auch sagen, es war beides Ende und Anfang. Es ist die Lage, aus der der nächste Kreislauf entsteht. In diesem Augenblick liegt alles offen – der neue Zyklus setzt ein.« …

In: *Joseph Beuys – Coyote*, Text und Photographien von Caroline Tisdall, Verlag Schirmer/Mosel, München 1976, S. 8-16

Über Schlüsselerlebnisse: »Der Prinz vom Dach«

Joseph Beuys im Gespräch mit Georg Jappe
am 27. September 1976
Zuerst erschienen in *Kunstnachrichten*, Nr. 3, Luzern/Stuttgart 1977, S. 72-81

... Da ist dieses Erlebnis, so 'n Wachtraum, der immer wiederkehrt, durch zwei Jahre hindurch. Ein Erlebnis, wo ... ich auf dem Dach sitze, auf dem Dachfirst sitze. Und ... mir immer wieder beigebracht wird durch eine Figur, die von außen kommt, ich weiß nicht, wie ich die heute beschreiben kann, naja in so 'ner naiven Sprache könnte man sie wie eine Art Engel beschreiben, die mir immer wieder gesagt hat: Du bist der Prinz vom Dach. Also ganz einfach, dieser Satz, der kam stereotyp wieder, bis zu dem Moment, wo mir klar wurde, was er bedeutete, dass gemeint war, das Dach ist der Kopf. Das wurde nicht gesagt, das war in dieser, das war wie 'ne Halluzination oder wie 'n Tagtraum, der so beim Spielen kam, war ich auch noch sehr klein. Auf einmal, pum, war das da, und dann hab ich mich abseits gestellt, konnte ich auf einmal nicht mehr spielen, hab mich mit der Sache befasst, und meistens bin ich dann rausgegangen aus dem Spielfeld, wir haben damals tolle Spiele gespielt, waren auch oft mit dem Boot unterwegs, ich hab mich dann jedenfalls abgesetzt. Ich war dann hinterher, wie soll man sagen, ziemlich groggy und musste das ganze Erlebnis lange nacharbeiten …

Das ist auch ein Schlüsselerlebnis. (Pause) Ich müsste es nochmal nachlesen, in welcher Form ich es da ausgedrückt habe, in dem Buch. Penninus ist in meinem erweiterten Joyce … »Beuys verlängert Ulysses um sechs weitere Kapitel« – wenn man da von einem Hauptakteur sprechen kann, dann ist das dieser Penninus. Und der ist, obschon da auch viele figurative Dinge drin gezeichnet sind, der ist ganz abstrakt dargestellt wie so ’ne Dachform, obendrauf liegt ein Stein, der grade im Begriff ist, den Kulminationspunkt zu überschreiten, auf der anderen Seite wieder runterzurollen, und der ist grade oben auf der Spitze. Also dieses Eingehen auf so eine mythologische Tiefe in den Begriffen. Denn auch dieser Penninus ist ein ausgesprochener Berggott, und hat Beziehung zu – sagen wir mal – Kräften im Kopf. Erkenntniskräfte, Denkkräfte … undsoweiter, das kommt denn da in den Zusammenhang ’rein, mit dem Begriff »Hauptstrom«. Wo dann einfach ein Akzent gesetzt wird auf die Notwendigkeit, die Dinge auch gedanklich durchzuarbeiten und nicht einfach nur – wie gesagt, Kunst machen, Wissenschaft machen … Ich glaube, da liegt der Schlüsselerlebniskern für die Notwendigkeit, die Dinge in einen theoretischen Zusammenhang zu bringen; der im Ganzen dann wieder aussieht wie ein Weltgebäude. Mythologie kann es ja in unserer Zeit nicht mehr so sein, aber es muss doch ein Weltgebäude sein, was die unsichtbaren Enden des Menschseins mit dazunimmt. Also alles, was man Transzendentales nennt, Metaphysisches, Übersinnliches nennen kann, also was wieder einfach auf einer höheren Ebene das komplettiert, was in der Evolution, in der abendländischen Wissenschaftsentwicklung aus dem Wissenschaftsbegriff herauskatapultiert werden musste, um beispielsweise rational Denken lernen zu können, oder um einen Wissenschaftsbegriff zu entwickeln, der die Menschen befähigt, Technologie zum Beispiel zu entwickeln. (Pause) Dieses Schlüsselerlebnis ist immer wieder aufgetaucht, mindestens durch drei Jahre, immer wieder in der stereotypen Form, bis mir klar wurde, wie gesagt nicht durch Erklärung dieses schattenhaften, undurchsichtigen oder geisterhaften Wesens, was dann, wie gesagt, auch … angeflogen kam, so, sondern das musste ich aus der Sache selbst, als Resultante ziehen. Das war so wie in der Aufgabenstellung drin: ich werde das so lange sagen, bis du verstehst, bis du die innere Bedeutung des Textes begreifst, was es heißt, ein Prinz vom Dach zu sein. Sagen wir mal so …

In: Georg Jappe, *Beuys packen. Dokumente 1968–1996*, Verlag Lindinger + Schmidt, Regensburg 1996, S. 206-220

Über die Transformation des Geldes*

Joseph Beuys im Gespräch mit Louwrien Wijers
am 30. September 1978
anlässlich des Behaviour Workshops in Arnheim vom 28. September bis 3. Oktober 1978 im Theater am Rhein
Auszüge erschienen zuerst in *Downtown Magazine* 4/5, Amsterdam, Dezember 1980

... Also, wenn du die Demokratiefrage berührst, die Rechtsfrage, so ist das hauptsächlich ein Problem des Geldes. So lange, wie das Geld in den beiden kapitalistischen Systemen, dem östlichen staatskapitalistischen System und dem westlichen privatkapitalistischen System, als ein Hilfsmittel besteht – oder als ein Wirtschaftswert, ein konkreter wirtschaftlicher Wert –, so lange kann es die Ideologien dieser beiden kapitalistischen Systeme, wie Profit, Eigentum und Lohnabhängigkeit, nicht vermeiden.

Und so haben wir über die Transformation des Geldes gesprochen, und wir haben gesprochen über einige Modelle, an denen noch immer geforscht wird und die doch relativ bekannt sind, zum Beispiel unter den Menschen, die in der Free International University arbeiten. Wir haben einige Beispiele gegeben, von Möglichkeiten für die Transformation. Also, dass das Geld als ein konkretes wirtschaftliches Gut, eine Ware, umgewandelt werden könnte in ein Rechtsdokument. Es ist die Transformation des Geldes hin zur Sphäre des gleichen Rechts für jeden Menschen.

Kannst du ein Beispiel geben, wie das Geld dann arbeitet?

Ja, vielleicht kann man es am besten darstellen, wenn man betrachtet, wie das Geld seine Natur verändert. Aus seinem Wesen als Ware heraus soll es ein Dokument werden für die Rechte und Pflichten. Es sollte der wichtigste Regulator für alle Produktion in der Welt sein. Oder man könnte sagen, das Geld ist die demokratische Essenz, um alle Produktion zu regulieren. Und wenn ich Produktion sage, meine ich zuerst einmal die Produktion in der Sphäre der Kultur als einem Gut, das erzeugt wird durch die Tuenden, durch die aktiven Menschen. Das ist das Ergebnis, das kulturelle Ergebnis, das sind die Güter in den Unternehmen der kulturellen Sphäre. Also kann man nämlich alles betrachten als Kunst und als Kreativität oder Fähigkeit, und gleichzeitig kann man alles als Unternehmen betrachten, weißt du. Während wir jetzt nur ein Verständnis haben von Unternehmen, die im industriellen Sektor existieren.

In der Geschäftswelt.

Ja, in der Geschäftswelt. Aber das wichtigste Unternehmen existiert an dem Ort, wo die Kreativität ihren Ursprung hat, wo neue Fähigkeiten erzeugt werden können. Und wenn es keine Freiheit gibt für Wachstum an diesem Ort, dann ist die Idee der Demokratie eine Verfälschung. Oder, wenn die Idee von Demokratie arbeitet, dann macht sie alles gleich. Deshalb ist die Freiheit für die Kreativität, Kunst, Bildung, Wissenschaft und so weiter, der allerwichtigste Punkt, wo eine freie Entfaltung von Bedeutung ist, um neue Einsichten in Bezug auf die Probleme hervorzubringen, neue Fähigkeiten, neue Wege, wie es zu tun ist. Und später dann die Anwendung an den Orten, wo die Dinge dann physisch ausgeführt werden. Das ist der Ort, wo das Arbeitskollektiv in der industriellen Welt die physischen Güter produzieren muss, da wir alle diese physischen Güter brauchen; doch der Planungscharakter kommt dann ursprünglich von der geistigen Seite.

Sehr, sehr gut…

…von der kulturellen Seite die Bestimmung, was wir zu produzieren haben, wieviel wir zu produzieren haben und welche Qualität wir zu produzieren haben. Dann ist alles in Verbindung mit der Einsicht, welche aus dem kulturellen, aus dem geistigen Punkt kommt.

Aus dem Glauben, könnte man sagen…

Ja, aus dem Glauben. Also, auf diese Weise bestimmt der Konsument, als die gleiche Person, die zur gleichen Zeit der Produzent ist, die Produktion, ist er der Bestimmer der Produktion.

Dann kann ich mich als Fabrik betrachten, weil ich produziere…

Ja, genau.

Doch wenn ich mich als Fabrik betrachte, bin ich nicht länger daran interessiert, wie viel Geld ich dafür bekomme, ich bin viel mehr daran interessiert, wie ich…

…produziere.

Produziere, ja.

Genau.

Das Geld kommt, und es ist nicht mehr diese kleine Welt von Austausch, in der wir jetzt sind…

Genau. Du hast das ganz klar verstanden. Also, und

um dies zu regulieren, dass jeder Mensch, dass die Unternehmen, die Arbeitskollektive wie in den Schul-Unternehmen oder den Universitäts-Unternehmen, Kultur-Unternehmen, sich verpflichten müssen, die Menschen aufzunehmen, um ihre Fähigkeit in Freiheit herauszubilden, bedeutet das also verschiedene Bildungssysteme und nicht eine gleiche, zentralisierte Staatsbildung. Dies verpflichtet die Unternehmen nämlich, die Menschen aufzunehmen, und in den Fabriken genauso, weißt du. Dann selbstverständlich, als Bezieher von Einkommen, um bereits hier diese schlechte Idee von Löhnen zu vermeiden, gibt es den Menschen das Recht, Güter zu erwerben, die sie zuvor produziert haben. Doch nach diesem Prozess des Marktes durch den Verkauf der Produkte, die die Menschen produzieren, sollte das Geld nicht länger die Möglichkeit haben, eine Ware zu sein. Es sollte ausscheiden und sollte zurückfließen zu einer Art von sozialer, demokratischer Zentralbank.

Es sollte fließen …

Ja, wie ein Blutstrom …

Was ja bereits zwischen jungen Leuten passiert, wie hier in diesem Workshop zum Beispiel, wo niemand des Geldes wegen kommt.

Genau.

Es ist hübsch zu sagen, Geld sollte fließen wie ein Blutstrom.

Ja. Nach diesem Prozess von Arbeit, dem Blutstromprozess, muss es regeneriert werden und muss neu geschöpft werden. Nach dem Kaufprozess scheiden wir es erst einmal aus und es wird neu geschöpft. Das ist der Kreditprozess.

Es geht durch das Herz.

Ja. Also, indem es das Wesen einer Ware verlässt, ist es leicht möglich, die Ideologien der kapitalistischen Produktion zu vermeiden. Diese Ideologien von Profit, Eigentum und Löhnen. Und das ist die allerwichtigste Sache. Die Welt zu schaffen als eine Welt der Kunst, als ein Kunstwerk, ja, oder eine Gemeinschaft, als eine lebendige Plastik, als ein lebendiges Kunstwerk. Also, ich sage nur, da sind einige Punkte in dieser Diskussion, die das Problem von Verhalten aufzeigen in der Weise, tiefer zu gehen in die Notwendigkeit, wie weit wir das Wort Verhalten verstehen müssen. Dass dies nicht nur eine kulturelle Frage ist oder eine Frage des Künstlers oder der Leute, die an Kunst interessiert sind, wie in den traditionellen Kunstunternehmen, wie es jetzt bereits besteht in den Galerien, Museen und Kunstgeschichts- und Kunstausbildungs-Schulen, dass wir das Verständnis ausweiten, als einer Beschreibung des Menschen, der Menschheit, des menschlichen Wesens.

Also, jeder Mensch ist ein Künstler. Also, es ist ein anthropologisches Verstehen von Kunst und auf diese Weise ist es bezogen auf die Arbeit, auf jegliche Arbeit, auf die Arbeit aller Menschen. Und nach einer Entwicklungszeit mit solchen transformierenden Ideen wird die Arbeit dann Qualität hervorbringen.

Und die Qualitäten werden die Kultur sein …

Und die Qualitäten werden die Kultur sein und werden helfen, diese Welt von all den Krankheiten, Beschädigungen und dem Krebs zu regenerieren und zu erneuern …

In: Louwrien Wijers, *Schreiben als Plastik 1978–1987*, Ernst & Sohn, Academy Edition, London/Berlin, o.J., S. 12-27

»Spuren in Italien«

Joseph Beuys im Gespräch mit Martin Kunz in Düsseldorf am 10. März 1979
Erschienen im Katalog der Ausstellung »Tracce in Italia«, Kunstmuseum Luzern, 22. April bis 17. Juni 1979

… Die Zeichnung »Vallo Malbasso« zeigt nun so etwas aus der Gegend von Foggia, wo du im Krieg wahrscheinlich Waffen ausprobiert hast. Es hat Einschüsse darauf, ein kleines Objekt und die Umrisse eines Tieres …

Ja, dieses Vallo Malbasso war genau die Stelle, zu der wir dann gelegentlich hinmussten, um beispielsweise MGs auszuprobieren, die in Flugzeuge eingesetzt wurden. Da sollte man sich an diesen MGs ein bisschen üben. Das war in einem sehr entlegenen Tal unterhalb des Gargano, auf der Südseite des Garganogebirges und da habe ich eigentlich diese, wie soll ich sagen, Meditationsperiode sehr intensiv durchgemacht und habe fast nie geschossen. Ich habe mich immer so drumrum gedrückt und in die Büsche geschlagen und bin da in den Felswänden herumgestiegen und habe mich da also mit dieser Sache sehr intensiv befasst. Und diese Felswand existiert noch.

Ich habe sie vor kurzem einmal besucht, und da ist dann dieses Blatt entstanden, dieses »Vallo Malbasso«. Also ich wusste, dass es diese Stelle gab. Ich wusste auch den Namen, doch es ist inzwischen nicht mehr im Bewusstsein der Italiener. Die haben mich da alle ausgelacht, als ich in der Gegend fragte: »Sagt mal, Vallo

Malbasso …« »Nein, das hat es hier nie gegeben.« Bis ich einen alten Mann fand, der sagte: »Ja, natürlich. Vallo Malbasso, da müssen Sie hier rauf und da rauf.« Ich war unsicher, ich wusste nicht genau, in welche Öffnung ich da hineinmusste, doch ich wusste, wo es war, dass ich unmittelbar dran war. Er sagte: »Ja, hier müssen Sie ein paar hundert Meter zurück und dann gehen Sie da rauf. Da oben leben dann die zwei Brüder.« Und das waren dann Kinder der Familie, die damals so auf halber Höhe zu dem Berg hin einen primitiven kleinen Olivengarten hatten mit 'ner kleinen Ölmühle. Die wohnten immer noch da und es hatte sich nichts verändert. Es kam mir vor, als wär's immer noch derselbe Hund. Also es war wirklich sehr schön.

Und da habe ich dann das Blatt gemacht. Da ist ein Fundstück von der Stelle, wo zweifellos früher mal eine sehr alte Kulturstätte war, wahrscheinlich eine griechische. Schon während der Zeit des Krieges habe ich da sehr schöne Scherben gefunden mit komischen Bemalungen. Ich sagte zu Lucio: »Wenn du ein bisschen herumwühlst, dann findest du bestimmt was.« Und im Nu haben wir da in dem grob durchgehackten Lehm eine kleine, sehr schöne Scherbe gefunden von so einer Keramik mit dieser blauen Bemalung, wahrscheinlich ein Stück von einem Henkel, und das hat mich dann enorm in diese Zeichnung gebracht. Sonst besteht die Zeichnung nur aus einer langgestreckten Ziege, einer Ziegenfigur, womit man vielleicht auf diese Kultur anspielt, so einer Hirten- oder Bauernkultur mit Vieh, mit Ziegen, mit Oliven, wie es also heute auch noch so ist, wo sich also in diesem Zusammenhang fast nichts geändert hat. Ich nehme an, dass die Menschen doch zu der frühen Zeit im Wesentlichen, was die Agrartechnik anbelangt, nicht anders gearbeitet haben als heute.

[…]

Wenn ich nochmals zurückgehe auf die Kriegszeit, so scheint die Zeit, die du in Italien verbracht hast, eher einem intimeren Erleben dieser Kulturen gegolten und damit insofern einen Einfluss auf deine spätere Arbeit genommen zu haben, während als das grundexistenzielle Erlebnis, das sich in deiner Kunst spiegelt, der Absturz im Osten während des Krieges gilt.

Wo dann das asiatische Element sehr stark hereinspielt, die Tataren und so etwas, nicht. Ja, aber man sieht doch, nicht wahr, dass die Sache nicht wie eine Liebhaberei auftaucht bei mir, sondern es gibt überall den Versuch, die Dinge miteinander zu verknüpfen, miteinander zu verbinden. Also zu einem Gesamtsystem zu kommen, wodurch man die Einheit in der Vielfalt, um mal diesen humboldtschen Begriff zu nehmen, sieht in der Sache.

Was mir auffällt, ist, dass der Verknüpfungspunkt, das Unmittelbare, die Möglichkeit, Kunst zu machen, in der Nachfolge dieser Erlebnisse in Italien besser voraussehbar ist, als nach dem existenziellen Erlebnis in Russland, das viel stärker von außen an dich herankam. Dazu kommt, dass schon, bevor du Kunst gemacht hast, dein Interesse, das du ja geschildert hast, sehr intensiv war für diese Kulturen, diese Zeichen, die noch lebendig sind. Dieses Interesse hat dich sicher von Anfang an zu einem anderen Kunstverständnis geführt, als wenn man davon ausginge, du seiest zuerst in die Akademie gegangen, und so habe sich dann langsam etwas entwickelt.

Ja, es war in gewisser Weise umgekehrt. Ich bin zur Kunst gekommen aus Betrachtungen gegenüber Begriffen, die praktiziert werden. Z. B. habe ich ja in diesen Wissenschaftsbetrieben erlebt, dass es nicht meine Sache sein konnte, wenn man da allein schon berufsmäßig festgelegt wurde auf eine sehr starke Einseitigkeit, aufs Spezialistentum. Und also gerade nichts davon zu finden war, das, nennen wir es mal Gesamtgesellschaftliches hätte ausbilden können. Alleine schon von den Arbeitsvorgängen her, dass man da gar nicht auf die zusammenführenden Kräfte gekommen wäre, die ja heute aktueller sind als jemals zuvor. Dass das also nicht möglich gewesen wäre, dass ich hätte ergründen können, was ist denn eigentlich meine Fähigkeit, die ich habe. Die wäre nicht zum Zuge gekommen, wenn ich einfach blank und ohne Kritik auf so eine Wissenschaftspraxis losmarschiert wäre.

(Kurze Pause)

Ja, ja, da kann man zu diesen Sachen in Russland da mit den Steppengeschichten sagen, da hat man mehr die existenzielle Frage und auch die Situation der Krise sehr elementar bis an einen Zerreißboom. Während man in Italien mehr die positiven Merkmale sehen kann, welchen man sich also wirklich hingeben kann, die man in Zusammenhang bringen kann. Wie das eben auch dem Italienbilde entspricht in einer positiven Weise. Ein ideales Klima, was ja das Mittelmeer hat, mit seinen Klimakammern, wo die verschiedenartigsten Dinge auch eher in intimem Zusammenhange sich hinstellen als, man könnte fast sagen, Gartenkultur. Italien ist ja alleine schon durch die geographische Lage eben gegliedert in solche Klimakammern und jede Klimakammer hat so ihr ganz individuelles Gepräge auch durch die Pflanzenwelt oder vom Zusammenhang von Wasser und Luft her, wodurch ja diese ganze Fruchtbarkeit dieses Landes in Bezug auf den Reichtum der verschiedenartigsten Produkte zustande gekommen ist. Na ja, was auch der Grund war, warum z.B. Stämme aus dem Norden eben diese Italiensehnsucht gehabt haben und dort ihre Reiche gründeten.

Was spielen nun die alten Kulturen, denen du nun begegnet bist, und die dich sicher interessiert haben, für eine Rolle in diesen Zusammenhängen? Ich meine nicht nur die griechische oder die etruskische, die zwar da unten im Süden nicht so stark vertreten ist, es gibt 30 noch ältere, auch keltische Kulturen.

Ja, es gibt Normannisches, es gibt Keltisches, es gibt Sarazenisches. Dort mischt sich ja ungeheuer viel und das ist etwas, wodurch man mitten hineingestellt wird in den kulturellen Zusammenhang der Vergangenheit der älteren Kulturen, die ja weit zurückgehen in die Kulturen des Orients oder auch in die ägyptische Kultur hinein, in die kretische usw. Dort sind ja überall diese Berührungspunkte zu finden. Da hat man den ganzen kulturellen Hintergrund der Menschheitsentwicklung ja vor sich und dieser bleibt erlebbar und er bleibt immer positiv erlebbar, d.h. es hängt sicher zusammen mit der geographischen Lage. Er bleibt positiv erlebbar. Auch dieses: wenn man eine Karte von Europa anschaut, dann ist Italien wie eine Sonde, die in ein Meer, in ein Becken hineinhängt, wo der ganze Kulturraum der Vergangenheit an den Küsten entlang stattgefunden hat. Das hängt da so rein wie ein Fühler, wie eine Sonde, die vieles abtasten kann und wo sich dann natürlich vieles ablegt, wie auch dann tatsächlich die ganzen Einflüsse, die in Italien da sind, von phönizischen, sarazenischen, normannischen, keltischen, sogar von deutschen Kulturen, von schwäbischen usw., von ganz alten mediterranen Kulturen, dort alle vorhanden sind.

Du hast gesagt, dass diese Kulturen dort noch erlebbar seien. Ist es deshalb möglich, weil man nicht einfach isolierte Monumente oder Fragmente antrifft, sondern diese in der ganzen Natur, in der Landschaft integriert findet?

Ja, das heißt, dieser Zusammenhang zwischen diesen Kulturen und der Landschaft ist eigentlich von vorneherein gegeben. Er bildet eine gewisse Einheit. Was man dort findet, hat sofort auch skulpturalen Charakter wie eben gewisse Skulpturen der griechischen oder der kretischen Kultur. Es schlägt sich aber auch unmittelbar nieder auch in den Formverhältnissen, wie z. B. das Meer den Stein formt, wie die Steine ausgewaschen werden oder so etwas. Es sind einfach überall die Bilder drin. Oder auch in den Pflanzen, wenn man z. B. Feigen sieht vor einem Marmorhang oder Oliven oder die Skarabäi, die Käfer, die Schmetterlinge, überall ist ein unmittelbarer Zusammenhang zwischen den alten Kulturen und der Natur, unmittelbar, sichtbar. Erlebbar, ablesbar, als wäre das tatsächlich eine große Einheit. Tatsächlich ist ja die griechische Kultur, um eine Hochkultur aus dieser Zeit zu nehmen, ja gerade eine, die in der Natur selbst den Geist gesehen hat und eigentlich kein Problem hatte, darüber hinaus etwa in metaphysische Bereiche konstruktiv vorsteigen zu müssen. Diese Not kannten die Griechen ja nicht. Sie sahen in der Natur, beispielsweise in den Leibern der verschiedenen Art bis zum Menschenleib hin, praktisch die Idee der Kunst, das war eine Einheit zwischen Natur und Kunst, sie konnten alles als Geist der Natur entnehmen.

Hat dich von Anfang an diese Einheit zwischen Natur und Kunst, Kultur, vielleicht auch Religion, interessiert?

Es hat mich interessiert, wenngleich man natürlich, wenn man sich vertiefter für diese Sache interessiert, auch erlebt, dass im Fortschreiten dieser Entwicklung dieses ungebrochene Verhältnis zwischen Natur und Kunst heute nicht mehr so ohne weiteres möglich ist. Es hat ja Entwicklungen gegeben danach, über das Mittelalter, die Renaissance bis in die Neuzeit hinein, ganz besonders bis hin in die Entwicklung naturwissenschaftlich-analytischer Methoden, die dieses Verhältnis, dieses einheitliche Verhältnis auseinander gerissen haben. Man kann also nicht einfach ohne weiteres dort wieder anknüpfen, sondern dazwischen geschaltet werden muss diese ganze Neubetrachtung des gesamten kulturellen Verlaufs, des gesamten kulturellen Stromes. Man muss fragen, wieso ist es gekommen, dass Abstraktionen, spekulative Systeme notwendig wurden, wie hängt das zusammen, was ist der Sinn dieser Sache …

»Wenn sich keiner meldet, zeichne ich nicht«

Joseph Beuys im Gespräch mit Heiner Bastian und Jeannot Simmen in Düsseldorf am 8. August 1979
Für den Katalog *Joseph Beuys Tekeningen / Zeichnungen* im Museum Boymans – van Beuningen, Rotterdam, November 1979–1980, und in der Nationalgalerie Berlin, März–April 1980, S. 29-40

Zeichnungen aus eigenen Gesetzen

Bastian: Wenn man die Zeichnungen als Entität auffasst, die ein bestimmtes Ergebnis haben, die eine bestimmte Art von Information enthalten, könnte man sagen, dass diese bestimmte Art des Ergebnisses gar nicht so viel mit Kunst zu tun hat.

Ja, auf jeden Fall nicht mit Kunst in diesem engen Sinne, dass ich etwa eine Zeichnung mache, um eine Zeichnung zu machen …

Bastian: Was ist das eigentlich? Mich hat immer irritiert, ob das mit Kunst eigentlich etwas zu tun hat.

Ich habe wirklich nichts mit der Kunst zu tun – und das ist die einzige Möglichkeit, um für die Kunst etwas leisten zu können. Ich wollte mich ja nur absetzen von dem Begriff des Künstlers, der ich ja gar nicht sein will. Ich will eine Sache haben, die aus eigenen Gesetzen, die in sich selbst gegründet, leben kann. Das ist mein Ausgangspunkt und das ist nicht eine Sache, die auf die Kunst beschränkt ist. Also das hat nichts mit einem bürgerlichen Kunstbegriff zu tun, sondern mehr mit einem traditionellen Kunstbegriff. – Es ist eine wissenschaftliche Auseinandersetzung.

[...]

Kreativität und Provokation

Simmen: Woher kommt dieser Antrieb zum Zeichnen, waren es bestimmte Erlebnisse gewesen?

Nein, die Art des Antriebes ist doch die des Antriebes der Menschen überhaupt. Wie kommt ein Mensch beispielsweise dazu, sich für die Landwirtschaft zu interessieren. Damit verbinden sich bestimmte Erlebnisse, wie in jedem anderen Gebiet auch. Es liegt doch immer eine Intention im kreativen Bereich vor, die sich auf ein ganz wichtiges Anliegen im Leben der Menschen wirft und da auch ihr Tätigkeitsfeld findet. Bei mir ist das aber so, dass ich mir für viele Fragen unseres Lebens, für die Frage der Kunst und auch für die Frage der Wissenschaft den größten Erfolg versprochen habe, indem ich versuche, auf dem Papier eine Sprache zu entwickeln, die eine Anregung dazu gibt, Weitergehendes in die Diskussion zu bringen, mehr als nur das, was die gegenwärtige Zeitkultur an Wissenschaftlichkeit, an Kunstbegrifflichkeit und Sinnen darstellt. Ich gehe darüber hinaus: Ich stelle Fragen, ich bringe Sprachformen aufs Papier, ich bringe auch Empfindungs-, Willens- und Denkformen aufs Papier und versuche damit eine Anregung zu geben. Ich will also stimulieren, ich will auch provozieren. Auch wenn gerade in den Zeichnungen der Provokationscharakter nicht sehr laut erscheint – ist er um so nachhaltiger. Meine Zeichnungen bilden für mich eine Art von Reservoir, woraus ich wichtige Antriebe erhalten kann. Es findet sich also in den Zeichnungen eine Art Grundmaterial, um daraus immer wieder etwas zu nehmen.

Der Todescharakter der Gegenwart

Simmen: In den Zeichnungen scheint etwas vorhanden, als ob es um einen bestimmten dunklen Fleck ginge, der einerseits auf Vergangenheit verweist, andererseits auf den Tod und um das Auslöschen kreist …

Bastian: Wenn in deinen Zeichnungen Elemente des Schamanismus vorkommen oder Elemente aus der Zeit unseres Ursprungs, ist das dann deshalb da, um auf das Medium des Todes, durch das die Gegenwart zu gehen hat, hinzuweisen?

Ja, aber auf eine komische Art. Andere bezeichnen gewisse Elemente, wie auch mein Verhalten, meine Aktionen und viele Charaktere in den Zeichnungen als Schamanismus. Ich akzeptiere das ja sogar. Ich sage aber nur in dem Sinne, dass ich nicht durch den Schamanismus auf den Tod hinweise, sondern umgedreht: *durch den Schamanismus* weise ich auf den Todescharakter unserer Gegenwart hin. Ich weise aber zugleich darauf hin, dass der Todescharakter der Gegenwart in der Zukunft überwindbar ist. Also da ist Zukunft für mich die Dimension des Ausgangspunktes. Ich glaube, das bedeutet wirklich nichts anderes als die Auseinandersetzung mit unserer Gegenwart. Diese ist ja vom Prinzip des Todescharakters geradezu gekennzeichnet und zwar auf allen Gebieten.

Bastian: Was meinst du mit Todescharakter?

Absterbende Prozesse, also Todesprozesse, diese sind ja das Entgegengesetzte des Lebensprozesses. Der Todesprozess ist methodisch die Auseinandersetzung mit den Todeselementen in der Umwelt … ja, wir leben in einer Todeszone und in dieser Todeszone wird überhaupt erst bewusst, wie Leben aussieht. Früher nannte man dieses Bewusstsein Inspiration, deswegen sind alle älteren, großen und hohen Kulturen keine Leistungen des Menschen allein als Individuum, sondern sie wurden immer durch Hohepriester vermittelt, durch geistige Mitakteure. Der Mensch wurde geführt; war also eine Inspirationskultur und ein spirituell-autoritärer Zusammenhang. Der Emanzipationsprozess vollzieht sich nur durch die Ablösung, im Durchtrennen der spirituellen Abhängigkeit.

[…]

Kräfte, die sich melden müssen

Simmen: Der Versuch, immer wieder in diesen Ort des Dunklen vorzustoßen, also in diese Zonen des Todes … es ist, als ob gerade daraus die Kraft der Auseinandersetzung geschöpft würde.

Ich glaube, gerade in dieser Zone schreiben sich die Formen, wenn man beabsichtigt, einen Bewegungsprozess darzustellen. Wenn man die Kräfte beobachtet, schlagen sich die Kräfte in dieser Form nieder, und hier kann man sich dann mit ihnen verbinden.

Simmen: Waren frühe Erlebnisse ausschlaggebend?

Ja, diese Erlebnisse waren sehr früh da. Und die Erlebnisse lassen nicht nach. Man kann sich mit den Sachen verbinden und in dieser Verbindung schlagen sich die Sachen nieder. Aber das vollzieht sich nicht im Zeichnen, das vollzieht sich nur über die Zeichnung hinaus. Bei der Zeichnung habe ich das Bedürfnis, dass andere Dinge zur Sprache kommen, dass andere sich aussprechen, das können Tiere, das können Ameisen sein …

Simmen: Vorausgesetzt ist nicht mehr eine Idee oder ein Konzept, mit der man an die Sachen herangeht. Wie soll man sich das aber vorstellen, geschieht es sozusagen allein durch die Hand, als ekstatische, idiomotorische Schrift des Körpers?

Nein, das wäre Automatismus, ich bin daran interessiert, dass andere sich aussprechen. Ich bin an den Ideen interessiert, die in der *Wirklichkeit* vorhanden sind. Ich schiebe mich nicht mit meiner persönlichen stilistischen Vorliebe irgendwie dazwischen.

Bastian: Aber du musst dich doch für einen bestimmten Gegenstand entscheiden.

Nein, der Gegenstand muss sich erst mal *gemeldet haben.* Wenn der sich nicht gemeldet hat, dann würde ich mich nicht hinsetzen und zeichnen. Ich setze mich erst hin, wenn eine Notwendigkeit besteht, wenn sich irgendeiner meldet. Wenn sich keiner meldet, dann zeichne ich nicht. Also wenn sich irgendwo ein Gegenstand äußert, der sich darstellen will, wenn er sagt: Ich will jetzt, ich muss dargestellt werden, weil das nötig ist, dass ich dargestellt werde, dann zeichne ich erst. Aus diesem Grunde bin ich ja auch kein Künstler. Ich produziere auch nicht, wie viele andere produzieren. Es gibt viele Künstler, die produzieren einfach stilistische Charaktere. Ich produziere erst, wenn sich einer meldet, den man unbedingt drauf machen muss.

Simmen: Und wie kommt man in Berührung mit diesen Kräften?

Das ist ein sehr intimer Vorgang, das ist sehr schwierig in Worten auszudrücken. Also es müssen ganze Komplexe vorhanden sein und Konstellationen. Ein sehr komplexes Interessengebiet muss da sein, und dieses Gebiet entsteht ja nicht einfach durch Passivität, sondern dadurch, dass man eine wirkliche Logik in seinen Lebenszusammenhang bringt und also tatsächlich auch Dreckarbeit macht. Also Arbeit macht, die scheinbar woanders liegt, auf einem ganz anderen Gebiet, als beispielsweise Zeichnen. Und dann können Augenblicke aufkommen, in denen sich ein Komplex darstellt. Man gelangt an ein Hauptmotiv und meistens gibt es dann eine Phase, wo man nicht weiß, wie man diesem Hauptmotiv folgen kann. Es kann sein, dass darüber ein halbes Jahr vergeht. Und ich lasse das auch ruhen, das heißt, es muss sich öfter melden, die Wichtigkeit der Sache muss sich öfter zeigen. Und dann gibt es einfach eines Tages die Notwendigkeit, dann macht man das. Und dann kann es auch fehlschlagen. Aber in dem Fehlschlag gibt es dann auch wieder einen weiteren Hinweis. Und dem folgt man dann und dann auf einmal sieht man, es hat sich aus der Sache tatsächlich eine Gestalt ergeben. Ich glaube, dass ich das nur in dieser Beschreibung ausdrücken kann. Es kann zum Beispiel ein einfacher Klang sein. Ich meine jetzt Klang in seiner vielfältigen Bedeutung, nicht nur akustisch, sondern …

Bastian: … eine Irritation und dass man plötzlich, unvermittelt darauf aufmerksam wird.

Ja, zum Beispiel. Was mich jetzt wieder intensiver interessiert – und was sicher irgendwann seinen Niederschlag vielleicht in einigen Zeichnungen finden wird, das geht von der *deutschen Sprache* aus. Da hat sich in einem Erlebnis etwas gezeigt, wodurch ich aufmerksam gemacht wurde, wie es unbedingt notwendig wäre, über die deutsche Sprache etwas bildhaft zu machen, was diesen stimulierenden Charakter, diesen provozierenden Charakter hat. Denn die Sprache ist ja ein ganzes Wesen, vor allem ein Wesen, das auch erkranken kann, das missbraucht werden kann, das verkommen kann. Da ist ja eine ganz komische naive Figur aufgetaucht, die aber sehr viele Elemente von Möglichkeiten zeigen will, die andere Sprachen beispielsweise nie annähernd besitzen. Also das ist so der Umkreis einer Anregung, die bei mir zu einer Zeichnung führen kann. Es kann auch sein, das wird sich herausstellen, dass das gar nicht zu einer Zeichnung führt, sondern dass es in zukünftigen Aktionen auftaucht. Darüber besteht eben jetzt noch keine Klarheit, ich lasse das ruhen.

[…]

Das Zeichnen hat meine Sprache verändert

Bastian: Gibt es nicht bestimmte, sehr präzise Momente in deinem Erleben, die als Produkt oder Ergebnis der Zeichnungen geformt oder entstanden sind?

Ja, eine ganz elementare Veränderung meiner Sprache. Ich weiß, dass ich früher anders gesprochen habe. Ich habe mich früher ganz anders ausgedrückt und ohne diese Zeichnungen, oder ganz allgemein, ohne diese Bilder würde ich heute dies sicher ganz anders ausdrücken. Die Zeichnungen haben einen elementaren Niederschlag in meiner Sprache gefunden, in der Art und Weise, mich auszudrücken, und natürlich auch als Einfluss auf mein Denken. Am Anfang war das Interesse gewesen, eine Methodik zu entwickeln, über Kunst und Wissenschaft nachzudenken. Die Zeichnungen waren ein Beweggrund dazu. In einem Alter, wo andere längst einen Beruf haben, habe ich eine fast theoretische Entscheidung getroffen: Die Wissenschaft sah nicht so aus für mich, als hätte ich da eine Möglichkeit gehabt das herzustellen, was anregend wird, was auf die Veränderung zugeht. Ich hatte diese historische Absicht im Blick, dass etwas radikal transformiert werden müsste, dass nur die Kunst als Experimentierfeld dazu geeignet sein würde. Es hat sich gezeigt, dass dies für mich die richtige Entscheidung war.

Bastian: Ja, aber jene elementare Veränderung, die du an deiner Sprache, an deinem Denken erfahren hast, ist ein Produkt, das linear zu den Zeichnungen entstanden ist, das kausal damit zusammenhängt…

Ja, sicher, es ist eine wirkliche Grundtatsache, dass diese Zeichnungen einen unmittelbaren Niederschlag in meiner Sprache gefunden haben. Sprache hat mich immer interessiert, und ich habe mich früher auch sehr viel mit Literatur auseinandergesetzt, in einer wirklich radikal anderen Form. Hätte ich nämlich wirklich diese Form, die am Anfang so veranlagt war, beibehalten, wäre ich wahrscheinlich Schriftsteller geworden. Ich hätte wahrscheinlich sehr viel geschrieben, hätte aber meine Sprache nicht verändert. Das hat sich dann hier in den Zeichnungen ergeben, da liegt ein ganz großer Bruch zwischen zwei vollkommen anders gearteten Gebieten…

Über den Tod.
Über »Christus als Sohn-Element«*

Joseph Beuys im Gespräch mit Louwrien Wijers in Düsseldorf am 22. November 1979
Zuerst erschienen in dem Buch *Joseph Beuys talks to Louwrien Wijers*, herausgegeben vom Kantoor voor Cultuur Extracten, Velp, April 1980, S. 1-71

... Unser Interview letztes Jahr musste damit enden, als du davon gesprochen hast, die Mission des Christentums sei es, den Tod zu überwinden

Ja, das ist gut. Erst einmal müssen wir aber das Problem des Todes klären, und dies ist die Botschaft der materialistischen Methodik. Also, erst einmal müssen die Menschen auf eine Art sterben, müssen empfinden, was Tod bedeutet – was eine buddhistische Philosophie vermieden hat – die Erde zu erreichen. Da war eine Flucht vor den irdischen Bedingungen, hin zum Geist, generell und prinzipiell. Also das war ein Stadium im Bewusstsein der Menschheit. Nun betonte das Christentum ein sehr viel komplizierteres System der Entwicklung. Es bedeutet auf diese Weise das dialektische System in seiner höchsten Sinnformung, während alle anderen Arten von Verstehen dialektischer Systeme zurückbleiben hinter diesem prinzipiell dialektischen, komplexen System dessen, was Christentum bedeutet für die Transformation der Menschheit hin zum Geist.

Kannst du erklären, wie du in diesem Rahmen den Tod siehst?

Ja, weißt du, der Tod gehört nämlich zum Leben. In der spirituellen Bedeutung ist Leben unmöglich ohne den Tod. Dies ist wieder eine Art von Mystik, aber es ist keine Mystifizierung, weil diese Mystik durch jeden Menschen erfahren wird. Jeder Mensch kann die Konstellation dieser Kräfte durchschauen. Also handelt es sich wieder nur um die Konstellation der Kräfte und Energien in der Welt.

Die Menschen müssen aber zu einem anderen Verständnis dieser materialistischen Sicht kommen, einer Sicht, die die Kräfte nur anschaut, um sie aus einem verzerrten und verfälschten Verstehen der Energien heraus auszubeuten.

[…]

… wenn man auf die Erde schaute, auf der ja jeder steht, dann sieht man nämlich, dass die Erde sich aus Mineralien zusammensetzt, Substanzen wie Sand, Granit und Kalk, weißt du, aus verschiedenen Mineralien. Und dies ist die letzte Mineralisation des Geistes, könnte man sagen. Nichtsdestoweniger ist es ein sehr harter Zustand. Es bedeutet Geist. Aber es bedeutet auch eine Art von Tod, dann kommt der ganze Geist an ein Ende. Doch dies ist nicht für alle Zeiten so. Es ist nur eine Art von Fixierung in einem Todeszustand, und man kann ihn überwinden, man kann es wieder erzeugen, man kann es zurückführen zum Leben. So hat Landwirtschaft beispielsweise sehr viel mit diesem Problem zu tun. Während ein materialistisches Verständnis annimmt, dass es möglich sein könnte, den Boden mit Kunstdünger zu kultivieren, bedeutet es lediglich, zu dieser Todesexistenz des Minerals ein anderes Mineral hinzuzufügen, welches wiederum das Todesprinzip zum Tode hinzufügt. Es wird also nicht zu einer Regeneration des Lebens in den Feldern führen. Also, bereits das Problem der Landwirtschaft würde bedeuten, wie gibt man der Erde Leben, wie bringt man den Geist in die Erde. Nur mit dem Geist kann man Kohl und Kartoffeln ziehen.

Wenn man die Erde als lebendig sehen kann, dann kann man auch sehen, dass dieses einfache Paket lebendig ist. Gott ist in allem.

Ja, das ist wahr, wirklich wahr. Aber man sollte nicht zu früh dieses Problem der Todesbedingungen im mineralischen Aspekt der Erde überspringen. Man würde dieses Problem sonst zu schnell überspringen.

Man muss erst einmal in Betracht ziehen, dass der Erdboden tot ist. Er ist bereits seit dem Beginn der Evolution auf dieser Erde auf eine Weise tot.

Aber dann gab die Menschheit Tod zu Tod, und addierte jeden Artikel des Todes zu den Prinzipien des Todes. Und dies ist das Prinzip der Landwirtschaft, dies ist eine Ausformung des gesamten Problems. Also, sie ist jetzt tot, die Erde ist tot.

Wie aber kann jetzt dieser Tod überwunden werden, wie kann sie erneuert oder regeneriert werden? Dies ist abhängig von der menschlichen Verantwortung. Es gibt kein anderes geistiges Wesen, das diese Arbeit tun könnte. Nur Menschen können sie tun. Und weißt du, dies betraut die Menschheit nämlich mit der gesamten Verantwortung für das Schicksal der Erde und einer menschlichen Möglichkeit für das Leben auf der Erde.

Das ist die Bedeutung davon, warum ich sage: »Lass uns nicht so schnell über dieses Todesproblem wegspringen.« Tod ist eine Realität, es ist eine Realität. Und mit jedem Tag produziert die internationale Gewalt nämlich Tod zum Tod. Wieder Tod. Wieder Tod. Noch härteren, noch besseren Tod, noch mehr Verseuchung, noch mehr Zerstörung, weißt du. Und deshalb muss die Menschheit aufstehen oder sich erheben gegen diesen Impuls. Da ist eine Möglichkeit für die menschliche Entwicklung. Und dies ist das Geheimnis oder das Mysterium oder die Mystik, die im Christentum existiert oder im Christusimpuls. Manchmal bedenken es die Menschen nicht, zu trennen zwischen Christentum und dem, was die Kirchen der Welt angetan haben. Doch die Kirchen bedeuten für mich nichts anderes als politische Parteiorganisationen. Kirchen sind Organisationen für Zentralgewalt, um die Gesamtheit zu übernehmen.

[…]

Wie ist das Überwinden des Todes in Jesus Christus symbolisiert?

Es ist nicht symbolisiert. Es ist wirklich. Es ist nicht symbolisiert. Wenn du in einen Raum kommst mit einer großen Feuerflamme, wirst du dich verbrennen, und du kannst nicht sagen: »Dies ist das Symbol einer Flamme«, weil du durch die Hitze der Flamme sterben wirst. Also ist Christus nicht ein Symbol für irgendetwas. Es ist die Substanz an sich. Es bedeutet Leben. Ohne diese Christus-Substanz wäre die Erde bereits gestorben. Also ist es kein Symbol von etwas.

Ich dachte, vielleicht sein früher Tod am Kreuz…

Das Kreuz ist eine andere Sache. Man könnte das Kreuz vielleicht begreifen als eine Signatur oder als ein Symbol für Erde. Denn das Kreuz würde die materialistische Konstellation bedeuten. Die vertikale und die horizontale Linie zur Konstruktion des Kubus, und dies ist exakt die kristalline Bedingung des Todes. Also, es ist die exakte, angemessene Umwandlung in eine Art von Chiffre für das, was das Schicksal der Erde vom Anfang des Christus-Impulses bis in unsere Zeit meint.

Die ganze Sache ist auf diese Kristallstruktur genagelt, aus der heraus jeder moderne Wolkenkratzer gebaut ist. Das ganze Bauwesen und das ganze analytische System hat mit dieser Orientierung zu tun, mathematische Grundlagen. Es hat sehr viel mit analytischer Mathematik zu tun.

[...]

Kannst du in gleicher Weise, wie du zum Tod gesprochen hast, deine Erläuterungen zu Gott geben?

Ich gebrauche nicht sehr häufig diesen Namen – Gott, ja eigentlich benutze ich dieses Wort nie. Weil, es gehört nämlich bereits wirklich zu einer anderen, hebräischen Kultur, weißt du, dieser monotheistischen Jahwe-Idee. Er ist nämlich ein Nationalgott, weißt du.

Also, so wie ich es sehe, existiert für die ganze geistige Welt die bedeutendste Kraft in Christus, in den Elementen und der Substanz von Christus. Also, es ist ein Keimen.

Es ist die Idee des Sohnes, der aus geistigen Wesenheiten heraustritt. Also, er ist eine viel vollkommenere Wesenheit in seiner Ganzheit von – man könnte in der modernen soziologischen Sprache sagen – von Mitwirkenden. Mitwirkenden und verschiedenen Kräften geistiger Wesen. Es würde zu sehr in eine christologische Betrachtung führen, aber ich denke, lass uns bei diesem Element von Christus als dem Sohn-Element bleiben, das aus diesem geistigen Wesen heraustritt, welches oftmals sehr abstrakt als Gott bezeichnet wird. Deshalb zeigen sie in diesem Christus-Element die Wirklichkeit davon, dass dieses Element in der Menschheit selbst existiert. Also kannst du über das menschliche Wesen sprechen, weil dieses Element dort existiert. Und es existiert im Umfeld der Natur, der Erde und der planetarischen Umgebung.

Also, die allerwichtigste Erklärung ist, dass er ein geistiger Mitwirkender ist, ein Kooperator. In Bezug auf das Energieproblem spielt das eine sehr wichtige Rolle.

Das befördert das ganze Energieproblem hin zu den spirituellen Fähigkeiten der Menschen, der Menschheit und tatsächlich auch der sozialen Fähigkeiten.

Also wenn du zu so einem Satz kommst, dass wir keine Mittler brauchen zwischen Göttern und Menschen in unserer heutigen Zeit, meinst du damit, dass wir diese Aufgabe jetzt selbst lösen müssen?

Ja, sicher, bestimmt. Und wir können es selbst leisten. Da muss aber etwas erscheinen, oder da sollte etwas erscheinen, und es erscheint ja bereits in der Menschheit, so ein Interesse, zu fragen, und das ist bestimmt eine Notwendigkeit. Also, das aktive Verhalten ist eine Art von Prämisse, um auf gewisse Weise Antwort zu erhalten, zu diesen Fragen und zu einer Möglichkeit zu finden, sich aus einer anderen Welt zu ernähren, als nur vom materialistischen Standpunkt aus, von physischen Ressourcen. Das ist eine sehr wichtige Sache.

In: Louwrien Wijers, *Schreiben als Plastik 1978–1987*, Ernst & Sohn, Academy Edition, London/Berlin, o. J., S. 28-59

»Der Wille, von der Erde zu verschwinden«*

Joseph Beuys im Gespräch mit Hermann Schreiber für die Sendereihe »Lebensläufe« im Südwestfunk Baden-Baden, gesendet am 27. Januar 1980

Sie sind einmal weggelaufen, als Kind.

Auch das!

Zum Wanderzirkus. Warum denn?

Weil ich die Welt kennen lernen wollte in ihrer ganzen saftigen Fülle. Es war auch die Zeit, wo ich natürlich etwas mit Mädchen zu tun hatte.

Spielten Mädchen eine Rolle?

Ohne ein Mädchen bei dem Zirkus wäre ich ihm nicht nachgelaufen.

Wie lange sind Sie denn dabei geblieben?

Ja, das war immer so periodisch. Immerhin anderthalb bis zwei Jahre.

Und was haben Sie gemacht?

Ich war für meine Eltern ein großer Sorgenfall.

Was haben Sie beim Zirkus gemacht?

Alle möglichen Sachen, von der Werbung angefangen, bis zu einfachen Drahtseilakten. Ich habe für die Tiere gesorgt …

Mögen Sie Clowns, Herr Beuys?

Ja, ich mag Clowns.

Auch traurige?

Vor allen Dingen traurige, weil ich glaube, dass das

wesentliche Element, auch das zukünftige, das vorausschauende Element für die Gestaltung das tragische ist – also, dass man tief in die Kräfte und in das Wirken von Natur und Menschenschicksalen hineinschaut. Und das tut ja das Tragische. Ich finde aber, noch eine verstärkte Form des Tragischen ist die Tragik-Komödie. Die Tragik-Komödie greift eigentlich noch tiefer. Wenn ich es einmal mit einem Pflug vergleichen soll, dann muss man doch eine Pflugschar tiefer ansetzen, um noch mehr hervorzuholen von den wirkenden Kräften in der Welt, die sich ausdrücken kann durch Tragik-Komödie.

Sie haben schon früh im Leben, nämlich mit fünf Jahren – so Ihr eigener Bericht – eine existenzielle Krise erlebt. »Ich wollte von der Erde verschwinden«, haben Sie damals gesagt. Sie haben das bezeichnet als ein »Schlüsselerlebnis«. Haben Sie eine Erklärung dafür, außer der, die Sie selbst schon gegeben haben? »Vielleicht war ich ein bisschen abnorm«, heißt die nämlich.

Ja, das muss ja wohl so gewesen sein, im Verhältnis zu anderen, die dann weitergespielt haben; während ich in dem Moment doch dieses Erlebnis hatte, dass ich eigentlich alles gesehen hätte von der Welt.

Mit fünf Jahren?

Ja, das war ein Erlebnis, was ich mit fünf Jahren hatte; dass jetzt die Zeit wohl lang genug sei und ich jetzt abtreten müsse. Dieses Erlebnis habe ich ganz stark gehabt, und es war sicherlich nicht nur ein Krisenerlebnis, sondern auch ein Bewusstwerden in gewisser Weise. Ein Bewusstwerden, wenn es nun weitergehen müsste, dieses Leben, dass dann alles anders werden müsste. Das ist, glaube ich, ein Erlebnis der Wandlung innerhalb der Lebensabschnitte gewesen.

Es ist dann noch so eine Krise gekommen, in der Mitte Ihres Lebens. Da sprechen Sie von »tiefen Depressionen«, sind zurückgegangen nach Hause, haben auf dem Feld gearbeitet. Was war das für eine Krise? Wodurch war sie ausgelöst und was hat sie bewirkt? Hat sie etwas zu tun mit jener frühen Erkenntnis, eigentlich abtreten zu wollen?

Nicht unbedingt, denn dieses Erlebnis in meiner frühen Jugend habe ich später aufschlüsseln können. Ich habe gewusst, um was es sich da gehandelt hat. Ich kam aber wieder in eine Krise, wo ich eigentlich viel ernsthafter den Willen hatte, von der Erde zu verschwinden als damals, noch ernsthafter, noch viel krisenhafter, eigentlich bis zur physischen Zerstörung. Ich glaube, die Menschen, die mich in dieser Situation gefunden haben, die haben festgestellt, dass man mir damals die Stücke Fleisch hätte vom Arm ziehen können. So weit war ich eigentlich schon weg aus dem Leben. Es war ein wirkliches Sterben, und aus diesem Sterben habe ich dann, ja, man nennt das so schön: »Ich habe mich wieder erholt.« Ich habe aber auch nach dieser Phase ganz neue Prinzipien mir gesetzt für das zukünftige Wirken.

Haben Sie damals künstlerisch gearbeitet, wenn ich das dazwischen fragen darf?

Ich habe langsam begonnen, während der Krise, wieder zu zeichnen. Also, wenn ich abends vom Felde nach Hause kam, habe ich gezeichnet. Es ist gerade diese Zeit, nach der akuten Krise und die darauf folgenden

Jahre, eine sehr fruchtbare Zeit für meine zeichnerische Arbeit gewesen.

Was war die Veränderung? Verzeihung, ich habe Sie da unterbrochen, bei diesem Gedanken. Was war die Veränderung, die nach der Krise eingetreten ist und die Sie als notwendig erkannt haben?

Ja, dass ich alles auf neue Begriffe bringen musste. Dass ich viel intensiver, sagen wir einmal: erkenntnistheoretischer, arbeiten musste; dass ich also auch Klarheit schaffen musste mit der ganzen verzweifelten Situation der modernen Kunst, die ja auch ein Grund für meine Krise gewesen war. Also, da entstehen die ersten theoretischen Strukturen zur Erweiterung des Kunstbegriffes auf den Menschen im Allgemeinen – heraus aus dem tradierten Kunstbegriff, aus dem bürgerlichen Kunstbegriff, aus dem Reduktionismus, der dort herrscht, und hin zu den Phänomenen des Lebens …

In: Hermann Schreiber, *Lebensläufe – Hermann Schreiber im Gespräch mit Joseph Beuys, Julius Hackethal, Ernst Herhaus u. a.*, Ullstein Verlag, Frankfurt / Berlin / Wien 1982, S. 115-131

Das Museum – ein Ort der permanenten Konferenz

Joseph Beuys im Gespräch mit Horst Kurnitzky und Jeannot Simmen in Düsseldorf am 1. Februar 1980
Erschienen in: *Notizbuch 3. Kunst – Gesellschaft – Museum*, herausgegeben von Horst Kurnitzky, Verlag Medusa, Berlin 1980, S. 47-74

… *Das neue Museum wird also ein Museum der Bildung sein und dient nicht der Erbauung?*

Nein, nicht der Bildung. Erst einmal der Information. Aber das kann alles im Museum stattfinden, wenn die Leute ins Museum kommen. Das Museum kann aber auch zu den Leuten gehen. Das Museum kann doch laufen. Das Museum ist doch nicht dadurch charakterisiert, dass es sich um Architektur aus Stein handelt. Das kann ein Archiv sein, das kann ein Lagerraum sein, das kann auch ein Zelt sein. Das Unternehmen Museum kann auch in die Fabrik gehen.

[…]

Grundlage dieser Vorstellungen wäre also eine permanente Diskussion, weil im Prinzip nie etwas ausdiskutiert ist. Man muss weiterreden, weil es immer neue Probleme gibt.

Ich nenne das die permanente Konferenz.

Was treibt die permanente Konferenz zum Handeln? Schließlich ist es im Leben doch notwendig, Entscheidungen zu treffen und zu handeln.

Es muss die permanente Konferenz als ein ständiges

Beraten und Denken geben. Das wäre die Erfüllung des Rätesystems in einem wirklich sachgemäßen Sinn, als ein permanentes Inspirationssystem, an dem alle Menschen teilhaben können. Das wäre wichtiger als eine Rätestruktur.

Das Museum soll also der Ort der permanenten Konferenz sein. Wie verstehen Sie in diesem Zusammenhang die »Richtkräfte« in der Nationalgalerie in Berlin? Weil die Tafeln dort liegen, abgeschnitten von den Diskussionen, von der permanenten Konferenz, haben sie ja einen Reliquien- oder Reliktcharakter, der dem Besucher nichts vermittelt von dem, was damit gemeint ist, außer den Materialien. Das ist natürlich auch eine sinnliche Qualität, wie etwa Ihre Filzplatten, die auch eine Sprache haben, die man verstehen kann. Aber die permanente Konferenz fordert doch eigentlich etwas mehr.

Da hat eine permanente Konferenz stattgefunden. Das ist eine Art Dokument einer permanenten Konferenz, die jetzt als Struktur erscheint, fast wie eine Art von Maschinerie. Die Frage ist einfach: ist es berechtigt, dass man so etwas aufbewahrt, als Zeitdokument, oder ist es eben nicht berechtigt?

Soll die permanente Konferenz beziehungsweise deren Dokumente eine Art permanente Provokation sein?

Es soll ja alles, was im Bewusstsein und was nicht im Bewusstsein liegt, herauskommen. Das ist ein analytischer Prozess. Es soll etwas ausgestoßen werden, so dass alle möglichen Gesichtspunkte herauskommen und tatsächlich nichts mehr drinnen bleibt. Das ist wichtig. Dann wird das Museum eben auch der Sammelort von alldem, was einmal war, was unbewusst ist und was verschüttet ist. Ich meine, das Museum wäre dann auch ein historischer Ort, wo Archäologie, jetzt aber in einem übertragenen Sinn, auf alles bezogen, betrieben wird. Dinge, die sich kulturell äußern, brauchen oftmals gar keine skulpturale Form, aber wenn man eine Veranlassung sieht, so etwas zu formulieren, vielleicht weiß auf schwarz, mit gleichgroßen Tafeln, dann hat das eine Sinnbildlichkeit, die man festhalten sollte.

Aber wirkt nicht die Idee auch durch die Materialien? Sie bevorzugen ja bestimmte Materialien, z. B. die Tafeln, hier haben Sie Schiefer auf dem Tisch liegen und dann die bekannten, wie Filz und Fett. Das sind doch ganz bestimmte Materialien, die ganz spezifische Vorstellungen und Assoziationen auslösen, und damit werden natürlich auch Ideen transportiert.

Es müssen irgendwelche konkreten Dinge da sein, eine Konstellation oder Anordnung, ganz physisch, wie ein Laboratorium, so dass der Zuschauer in eine Situation hineinkommt. Er versucht die Sache zu beurteilen. Wie arbeitet diese Maschinerie? Warum ist die Form so? Warum ist die Anordnung so? Das kann ich ihm natürlich nicht ersparen. Das will ich auch nicht aus dem Arbeitszusammenhang herausnehmen. Aber je weiter die Arbeit fortschreitet, die weitgehend auch eine begriffliche Arbeit ist, desto mehr muss ich mich fragen: muss diese Maschine oder dieses plastische Objekt unbedingt gemacht werden? Vielleicht ist es immer wieder nötig, rätselhafte Formen hinzustellen. Sie sind ja nicht willkürlich rätselhaft entstanden, sondern auf Grund einer Intuition, die vielleicht zunächst auch über meinen eigenen Erkenntnishorizont hinausgehen kann, indem ich z. B. partiell gar nicht weiß, warum das eigentlich so aussieht, warum es nun gerade so aussehen muss. Es ist ja auch immer wieder interessant, Rätsel in die Welt zu setzen, das Enträtseln-Wollen beim Menschen zu erwecken.

[...]

Das Museum als Ort der permanenten Konferenz auf allen Ebenen.

Ja, weil das Museum eine ganz gute Ausgangsbasis ist, auf dem sich der Begriff der Kunst, der menschlichen Kreativität und Schöpferkraft, der menschlichen Möglichkeiten diese Formen zu bestimmen, entwickeln kann.

Man könnte sogar sagen, es ist eine gute Mysterienstätte. Wenn man das jetzt nicht missversteht und regressiv versteht, als wolle man zu einer Druidenstätte zurück. Wenn man die Möglichkeit, den Menschen frei bestimmen zu können, zum Ausgangspunkt nimmt, die Möglichkeit Formen zu entwickeln und nach dem ganzen Sinnzusammenhang zu forschen und zu fragen, wäre das eine Aufgabe des Museums...

Zu Christus

Joseph Beuys im Gespräch mit Friedhelm Mennekes am 30. März 1984
Erschienen in dem von Franz Joseph van der Grinten und Friedhelm Mennekes herausgegebenen Band *Menschenbild – Christusbild*, Verlag Katholisches Bibelwerk, Stuttgart 1984, S. 103-135

… *Sie meinen, die Kirche habe es nicht geschafft, das Christliche für unsere Zeit sakramental präsent zu setzen?*

Sakramentale Präsenz ist gut. Die Sakramente haben es versucht, die christliche Substanz als reale Präsenz dieser Grundkraft ins Bewusstsein zu bringen. Sie haben das während einer Zeit sehr richtig tun können, als noch der Glaube für den Menschen ein Erkenntnisorgan war. Aber in einem modernen Zeitalter, in dem die Menschheit durch den Materialismus hindurchgegangen ist, auch wissenschaftlich, und sich ihre ganzen Fähigkeiten in den Intellekt verschoben haben, ist der Glaube kein Erkenntnisorgan mehr. Die Menschen wollen wissen. Sie wollen die Grundfragen so wissen, wie sie über ein physikalisches Grundgesetz etwas wissen wollen. Aber mit dem, was ihnen ein naturwissenschaftlich exaktes Denkmodell vorschreibt, können sie natürlich sich selbst nicht erkennen. Die alten Glaubenskräfte sind nicht mehr auf der Höhe der Zeit. Es müssen ganz andere Erkenntniskräfte, andere Wahrheitskräfte im Menschen in Gang gebracht werden. Erst einmal muss ein Interesse für diese anderen Kräfte entstehen. Man muss auch so schnell wie möglich den Menschen klarmachen, dass man kein Problem lösen kann ohne diesen Gesichtspunkt, nicht einmal die wirtschaftlichen, wenn man nicht die ganze Wirklichkeit vor sich sieht. Der Mensch in dieser Zeit ist selbstverständlich nicht von Gott verlassen. Und diese schöne These »Gott ist tot« ist vom Gesichtspunkt materialistischer Weltanschauung und von dem, was der Materialismus über die Menschen hinübergewälzt hat, wohl richtig. Aber gerade in dieser absoluten Abgeschiedenheit – dass er eben tot ist für diese einfachen instinktiven Kräfte oder Glaubenskräfte, die die Menschen früher hatten, und die erloschen sind, ist dennoch diese Kraft nicht tot, sondern lebendiger als je zuvor. Vor allen Dingen: sie ist realer. Sie ist realer da. Sie ist kein Bestandteil unserer traditionellen so genannten Kultur mehr, aber sie ist real präsent.

Wenn ich Sie jetzt richtig verstehe: Wäre es die Aufgabe der Zeit, das Steuer herumzuwerfen und die letzten Reste der inneren spirituellen Sensibilität zu mobilisieren?

Und genau das ist ein ganz großes Problem. Was in Deckung gebracht werden muss, ist das Bedürfnis des Menschen, exakte Kenntnisse haben zu wollen und sich selbst und die Welt von heute in ihren Grundfragen zu bewältigen. Umso schädlicher ist es, wenn man den Materialismus nicht versteht. Diese Einseitigkeit der menschlichen Entwicklung ist in Bezug auf den großen Verlust, d. h. der völligen Abnabelung vom Spirituellen, zu überwinden, so bedeutend auch an sich dieser exakte naturwissenschaftliche Denkbegriff ist. Der Materialismus hat ja zwei Funktionen: die eine ist das völlige Lahmlegen alter, gemütsmäßiger Kräfte, die andere das Intaktsetzen intellektuell scharfer Erkenntniskriterien für jeden Begriff wissenschaftlicher Erkenntnis. Nach dieser Zuspitzung des menschlichen Intellektes muss wieder eine Anknüpfung an das Spirituelle gefunden werden, aber jetzt nicht mehr aus tradierter Kraft, d.h. geschenkter Kraft, sondern aus eigener Kraft, d.h. aus der Kraft des Selbst, des Ich. Während das alte Christentum eine gemütsmäßige Seeleneigenschaft der Menschen war, um über die Glaubenskräfte Verbindung zu bekommen in der empfindenden Seele, ist durch die Abnabelung von dieser Tradition etwas Großartiges geschehen, etwas Positives, ja etwas Christliches, als dem Menschen dadurch gesagt wird: Wenn du einfachhin so glaubst, bist du kein Christ. Du musst versuchen, »exakt« zu »glauben«; du musst erst deinen Glauben verlieren, so wie Christus für einen Augenblick seinen Glauben verloren hat, als er am Kreuz war. Das heißt, der Mensch muss diesen Vorgang der Kreuzigung, der vollen Inkarnation in die Stoffeswelt durch den Materialismus hindurch, selbst auch erleiden. Er muss selbst sterben, er muss völlig verlassen sein von Gott, wie Christus damals vom Vater in diesem Mysterium verlassen war. Erst wenn nichts mehr ist, entdeckt der Mensch in der Ich-Erkenntnis die christliche Substanz und nimmt sie ganz real wahr. Das ist eine Erkenntnis. Die ist so exakt, und sie muss sich so exakt vollziehen wie ein Experiment im Labor. Jedes dusselige, verschwommene Herumspielen damit würde eigentlich nicht zu diesem Christuserlebnis führen. Das ist natürlich sehr abgekürzt, was ich jetzt sage.

Sehr abgekürzt, aber es ist im Grunde eine alte Weisheit

der christlichen Spiritualität. Ich denke, dass ein Johannes vom Kreuz oder andere Lehrmeister des Spirituellen gar keinen anderen Weg als diesen gewiesen haben, nämlich durch die Nacht des Unglaubens, des Zweifels und der Gottverlassenheit hindurchzugehen.

Ja, aber es ist dafür kein Bewusstsein vorhanden. Wenn man über diese Notwendigkeit spricht und nachdenkt, liegt es nahe, die Wegbereiter in der Vergangenheit aufzusuchen, die Ähnliches oder vielleicht sogar dasselbe und vielleicht noch Intensiveres über diesen Zusammenhang ausgesagt haben. Aber das fordert ja dann die anthropologische Forschung. Denn wo der Mensch nicht als der einzige Anknüpfungspunkt für eine solche Bewusstseinsentwicklung erkannt ist, bleibt alles beim alten. Ohne den christlichen Stoff, das Element des Lebens, des Geistes und der Imagination, Inspiration, Intuition ist eine positive Bewusstseinsentwicklung nicht möglich. Es ist also durchaus nötig, dass dieses Grundgefühl, das Weitergehen der Entwicklung im Menschen spürbar wird. Dass er nicht resigniert und denkt, das ist alles schon so lange vorbei, das sind alles schöne Geschichten, sondern dass er erfährt, dass, sagen wir einmal, eine Befreiung aus den Abhängigkeitsverhältnissen, die der Mensch sich selbst geschaffen hat, möglich ist. Wenn er dieses Grunderlebnis auch nur anstoßweise hat, stellt es ihm sofort Beine her, nach den wahren Quellen des Lebens zu suchen. Dieses Grunderlebnis finden wir ansatzweise an allen möglichen Stellen: Bei Johannes vom Kreuz, im deutschen Idealismus, es ist bei Goethe vorhanden, es ist bei den Alchemisten vorhanden, und bei vielen kann man diesen methodischen Umbruch, diese Transformation des Menschen auf diesen Zeitpunkt, in dem wir uns heute befinden, nachvollziehen.

Würden Sie auch Ignatius von Loyola in diesem Zusammenhang nennen?

Ignatius von Loyola in gewisser Weise auch. Ignatius ist sehr wichtig, wenn man in der Lage ist, in seinem militanten Disziplinmodell etwas zu erfahren, das weitergeht, als es sozusagen durch ihn selbst ausgesprochen ist. In ihm selbst liegt etwas drin, das viel weiterreicht. Das ganze Militante muss auf den Menschen selbst hin sich vollziehen. Es muss ein »Innenkrieg« werden. Dann ist Ignatius von Loyola natürlich eine der wichtigsten Figuren. Es darf kein Streiten für die äußere Kirche sein, sondern es muss ein Streiten für die Erringung dieses Bewusstseins sein. Und das lässt sich nicht erreichen ohne diese Disziplin und ohne diese Militanz.

Ich denke, das, was er im Exerzitienbuch ausgesprochen hat, ist im Grunde nichts anderes als eine Anleitung, mit diesem inneren Krieg, also diesem »Kampf der Geister«, fertig zu werden. Die entscheidenden Regeln zur »Unterscheidung der Geister« sind im Grunde nichts anderes als eine Mitteilung geistlicher Erfahrung, innerhalb dieses geistlichen Kampfes zu sondieren und sozusagen das Gute weiterzutreiben.

Ja, das Gute … Was ist das Gute? Da sind wir sofort wieder auf einem Boden, der mir nicht so gut gefällt. Was ist denn das Gute? Das ist m. E. bei ihm nicht scharf genug ausgesprochen.

Das Gute, das ist der Gott in mir. Ich würde sagen, das haben Sie nicht anders ausgesprochen als er. Das ist diese treibende Christuspräsenz in meinem Leben, in meiner

Zeit, in der ich versuche, ihm innerhalb dieses »inneren Krieges« zu entsprechen, auf der Spur zu bleiben.

Ja, dennoch ist es leicht möglich, das auch als gefühlsmäßigen Impuls zu deuten. Und diesen Krieg nicht auf das Hauptmerkmal zu richten: zum Selbstbewusstsein zu gelangen. Allein dieser Terminus »Selbstbewusstsein«, »Ich-Kraft«, ist ja durch den Materialismus als Disziplin intensiver verfolgt worden als durch alle solche Äußerungen. So groß sie alle sind im Versteckten, diese Äußerungen des Ignatius – wenn man sie richtig deuten könnte und auf diese Fährte setzen könnte, er wäre eine der wichtigsten Figuren. Diese Disziplinierung des Ichs in der äußersten Zuspitzung des Bewusstseins – sagen wir mal ruhig: im Denken. Dort ist diese Genauigkeit erreicht, in einem ganz kleinen Restbestand. In der Tiefe der Nacht, in der Tiefe der Isolation, in der völligen Abgeschiedenheit von jedem Spirituellen vollzieht sich ein Mysterium im Menschen, welches in Gang gebracht wird durch die Wissenschaften und nicht durch die tradierten Institutionen des Christentums. Also an dieser Stelle setzt jetzt dieses kriegerische Element ein und hat natürlich wieder eine sehr interessante Beziehung zu Heraklits Satz: »Der Krieg ist der Vater aller Dinge.« Wenn die Menschen es nicht verstehen, den äußerlichen Krieg zu metamorphisieren und zu ihrem eigenen Bewusstseinskrieg zu machen, dann ist natürlich mit dem so genannten Frieden nicht viel zu wollen. Frieden erscheint in diesem Zusammenhang zunächst als eine ziemlich gemütliche, platte, faule Sache. Wenn also – ein äußeres Bild – in der Friedensbewegung dieser innere Krieg nicht geführt wird, wird es niemals Frieden geben.

Dann ist es nur ein faules, bequemes Fordern von Sachen, die man ja gar nicht haben kann, wenn man sich selbst nicht so radikal verändert. Erst wenn man ein ganz neuer Mensch geworden ist, wird man auch zu Dingen fähig werden, die bisher dem Menschen unmöglich erschienen sind. Das heißt im Grunde aber auch, den Menschen ein Bild vom Leben zu zeigen, durch das sie aus ihren ganzen Frustrationen herauskommen – das Leben ist doch ein so interessanter Schauplatz und zeigt dem Menschen so viele geistige Erlebnisse auf, die er nur zu ergreifen braucht, um so ein inhaltsreiches und von Entfremdung befreites Leben im Geiste führen zu können, wie es keine Menschheit von der Vorgeschichte bis heute hatte. Niemals ist das Hereindrängen geistiger Kraft, also das sich Anbieten geistiger Hilfestellung für den Menschen, so gewaltig gewesen wie in dieser Zeit. Aber ohne diese Erkenntnisschritte zu machen, wird man diese Kraft, die Hineindrängen will, nicht aufnehmen können und in irdische Verhältnisse hineinbringen können. Denn diesmal geht es nicht mehr so, dass ein Gott dem Menschen hilft, wie das durch dieses Mysterium von Golgatha war, sondern diesmal muss die Auferstehung durch den Menschen selbst vollzogen werden. Der Kredit ist gegeben, d.h., nach diesem Kredit muss die Rückzahlung des Wechsels vom Menschen kommen. Also von diesem Standpunkt aus ist es ja wieder ganz interessant, sich den Spruch »Gott ist tot« vorzuhalten. Er ist tot insofern, als er nie mehr von selbst kommt und den Menschen da irgendwie unter die Arme greift. Das tut er nicht, sondern das ist ja längst im Menschen drin. Der Mensch muss sich gewissermaßen selber mit seinem Gott aufraffen. Er muss gewisse Bewegungen vollziehen, gewisse Anstrengungen machen, um sich in Kontakt zu bringen mit sich selbst. Und das ist ja der wahre wissenschaftliche Sinn des Wortes »Kreativität«. Jede andere Vorstellung des Begriffes »Kreativität« hat nur modischen Charakter. Nur wenn er dieses Verhältnis herstellt, kann er von seiner Schöpferkraft sprechen. Nur unter dieser Voraussetzung kann er auch von dem Begriff der Selbstbestimmung sprechen. Denn Selbstbestimmung kann nur ein freies Wesen ausführen. Und dieses Wesen ist ja frei geworden durch die Entwicklung, nicht zum wenigsten sondern zum meisten durch die Inkarnation des Christuswesens in die physischen Verhältnisse der Erde. Also ein reales Mysterium, ein kosmisches Ereignis hat sich da vollzogen, kein nur historisches. Da hat sich ein Kraftfluss von absoluter Realität vollzogen. Und nun vollzieht sich mit dem Menschen eine Metamorphose, mit der er sehr große Mühe hat. Ganz große Mühe. Sehr schwer fällt es dem Menschen, aus eigener Kraft diese Selbstbestimmung auch wirklich in Anwendung zu bringen. Es fällt ihm ungeheuer schwer. Er möchte viel lieber noch mal was geschenkt bekommen. Er kriegt aber nichts mehr. Er kriegt nichts, gar nichts, von keinem Gott, von keinem Christus. Dennoch bietet sich diese Kraft an und will mit Gewalt hinein. Aber unter der Voraussetzung, dass der Mensch sich selbst aufrafft.

[…]

Ich möchte jetzt gern zum Christusthema zurückkehren. Die Christusgestalt ist eine Gestalt des Leidens und des Sterbens. Hat diese Gestalt nicht Bedeutung dadurch, dass der, der die innere Lebenskraft in sich verspürt, dass der gewissermaßen mit seiner Umwelt in eine dramatische Auseinandersetzung gerät, also bedroht wird, leidet und am Ende sterbend in diesem Gegensatz, Lichtträger und Mächte der Finsternis, unterliegt?

Aber das ist ja noch kein Leiden. Der, der mit seiner Idee Widerspruch erfährt, der sehr stark angefeindet wird, der leidet ja nicht. Leiden tut ja nur derjenige, der diese Auseinandersetzung nicht führen kann, oder vermeintlich nicht führen kann. Das ist doch eigentlich kein Leiden bei dem, der im Besitz von Kräften ist. Der wird zwar angefeindet, aber er ist stark genug, aus diesen Anfeindungen Freude und Heiterkeit zu entwickeln. Aber der, der das nicht kann, der also in der Ohnmacht ist, sich selbst auf die Beine zu stellen, der leidet in der Tat. Also wer leidet, das sind die Opfer, das sind diejenigen, die sich nicht stramm selbst auf die Beine stellen und dieses und jenes verwirklichen; es sind die, die sich nicht zu Wort melden können. Also das Unvermögen leidet, auch physisch. Ein krankgeborenes Kind z. B., das vielleicht sein ganzes Leben in liegender Haltung verbringen muss; ein Mensch, der stumm ist oder keine Arme hat oder gar nicht bewegungsfähig ist, die alle völlig anonym unter uns leben, das sind die Leidenden. Da ist das Leiden real. Das Leiden ist niemals real bei denen, die kämpfen können.

Man kann bei Christus sicher auch sagen, dass er manche Anfeindungen souverän pariert hat, vielleicht sogar mit einer gewissen Wonne. Aber kann man nicht doch zunehmend den Prozess des Opferwerdens sehen? Da ist ihm doch irgendwann die Lust am intellektuellen Parieren seiner Gegner vergangen, weil er zunehmend Opfer aus wirklicher Ohnmacht wurde; als er ohnmächtig wurde, seine Jünger zu halten, seine engsten Vertrauten und Freunde, als er allein leben musste und von allen verlassen war?

Ja, das kann man Leiden nennen. Aber das ist ja eigentlich die große Enttäuschung, aber das ist noch nicht das Leiden, das viele Menschen haben in ihrer großen Ohnmacht, in ihrem wirklichen Kranksein und Abgeschobensein, die keinerlei Funktion ermöglichen. Wirklich leidend ist auch unsere heutige Jugend. Sie ist leidend, obwohl sie das oftmals gar nicht erfährt, in einem sehr hohen Maß, wenn ihr die Möglichkeit genommen ist, irgendetwas von sich in die Funktion zu bringen, also gestalterisch, schöpferisch zu werden. Und das ist für mich das Leiden. Das Leiden ist das Ausgeliefertsein an die Passivität. Alles, was noch aktiv ist, kann Schmerzen haben, kann zum Schmerzensmann selber werden, aber wirklich Leiden ist es dennoch nicht.

Aber Christus ist doch auch in diese letzte Passivität gestoßen, zumindest im letzten Augenblick, bei der Kreuzigung. Sie figuriert doch als das Ausgeliefertsein in die letzte Passivität, ausgeliefert sogar bis in den Zweifel an Gott.

Richtig, das habe ich ja gesagt, das tritt einen kleinen Moment auf. Aber das ist auch die einzige Stelle, wo man von der wirklichen Passion sprechen kann. Passion im Sinne der Verzweiflung, der Abhängigkeit. Wo auf einmal das Freiheitsprinzip nicht mehr real zu sein scheint. Das, wofür er selbst steht. »Ich werde euch frei machen.« Dass durch die Christuskraft der Mensch befreit wird, das scheint einen Augenblick infrage zu stehen. Und das ist die eigentliche Passion. Das ist das Leiden bei Christus.

Aber das frühere Leben ist doch eine lineare Hinführung, eine Entwicklung dahin. Er wird doch zunehmend in diese Engführung getrieben, um nicht zu sagen: Hoch-Führung.

Dieses, was man Schicksal nennt, das steckt seit der Jordan-Taufe in ihm drin, und in dieser Form. Das weiß er. Und der Ton, mit dem er spricht, und die Heilungen, wie sie sich vollziehen, die sind in eben diesem Ton der Gewissheit dieses Endes oder Anfangs gemeint; denn das Ende dieser Passion ist natürlich ein Anfang. Durch den Tod vollzieht sich das eigentliche Leben. Das ist das Mysterium des Menschensohnes. Das eigentliche Leben wird erst erreicht. Gegenüber diesem Leben ist seine Biographie der Tod. Ich überspitze mal ganz stark. Er lebt unter Toten. Unter Toten wird er auch entsprechend behandelt, d. h. hier und da kommt man ihm zu Hilfe, aber man verlässt ihn auch wieder. Danach fängt überhaupt das Eigentliche an. Dann kommt nämlich das Auferstehungsprinzip, welches auf ganz andere Sinnzusammenhänge anspielt, die auch für den Menschen möglich werden. Also ist er dadurch der Repräsentant des Menschen schlechthin geworden. Also muss der Mensch so sein wie er.

Welche Bedeutung hat denn nun in Ihrer Sicht die Christusgestalt für den Leidenden heute? Welche Relevanz hat er für jeden, der in der Ohnmachtsituation, in der Beraubung der Freiheit lebt?

Er zeigt auf, dass gerade das Leiden dem Menschen hilft. Der im Leiden verharrt, auch der führt die Welt selbstverständlich weiter, er bereichert die Welt dennoch. Es wäre eine große Frage, wer die Welt mehr bereichert: die Aktiven oder diejenigen, die leiden? Ich habe ja immer entschieden: die Leidenden. Der Aktive mag Unendliches für die Welt erreichen, aber ein krankes Kind, das sein Leben lang im Bett liegt und gar nichts tun kann, das leidet und erfüllt durch sein Leiden die Welt mit christlicher Substanz. Denn durch das Leiden wird die Welt real mit christlicher Substanz erfüllt. Also hat das Leiden eine wichtige Funktion. Übrig bleibt, wenn man das in eine Formel bringt, dass dem Menschen nur zwei Weisen seines schöpferischen Verhaltens gegeben sind, und das natürlich in allen Abschattierungen, in jeder Biographie in einer anderen Mischung: das eine ist das Tun, das andere ist das Erleiden. Beide Schicksale führen die Bereicherung der Welt hinauf, und beide Funktionen garantieren die menschliche Zukunft …

Als Faksimile, Typoskript der Tonbandabschrift mit handschriftlichen Korrekturen von Joseph Beuys, und mit einer Übersetzung ins Englische erschienen in: Friedhelm Mennekes, *Beuys zu Christus. Eine Position im Gespräch*, Verlag Katholisches Bibelwerk, Stuttgart 1989, S. 22-66

»Palazzo Regale«: »der Ort, wo das menschliche Bewusstsein wohnt«*

Joseph Beuys im Gespräch mit Michele Bonuomo in Neapel am 17. Dezember 1985
Anlässlich der Ausstellung »Palazzo Regale«, Neapel, 23. Dezember 1985 bis 31. Mai 1986
Erschienen in *Il Mattino*, Neapel, 23. Dezember 1985

Beuys, 1971 hast du die Behauptung aufgestellt: »Die Revolution sind wir«. Damit hast du erklärt, dass Politik und Kunst nicht zu trennen sind. Zehn Jahre später wurde dieses individuelle Bewusstsein durch die Erschütterungen von »Terremoto in Palazzo« (Erdbeben im Palast) in Frage gestellt. Mit »Palazzo Regale« schließt sich am Ende der Kreis, in dem die Souveränität des Menschen für unumstößlich erklärt wird…

Die drei Momente sind eng miteinander verbunden. Denn beim ersten wurde der Mensch als dynamischer Träger von Veränderungen, das heißt der Revolution gesehen. In der darauf folgenden Situation »Terremoto in Palazzo« wurde der endgültige Zusammenbruch einer Welt, die sich selbst überlebt hat, verdeutlicht. Heute ist der »Palazzo Regale« der Ort schlechthin, in dem das menschliche Bewusstsein wohnt.

Die Revolution hat also die Macht erobert, hat schließlich ihren »Winterpalast« eingenommen?

Das Problem stellt sich nicht in dieser Form. Mir geht es nicht um die Macht im institutionellen Sinne, oder noch schlimmer, um ein monarchisches Konzept, das heißt eine Sache, die mit dem »Palazzo Regale«, mit der Idee der staatlichen Herrschaft, zu tun hat. Der Palast, den wir zuerst erobern und dann würdig zu bewohnen haben, ist der Kopf des Menschen, unser Kopf. Die Idee des »Palazzo Regale« war in sehr vielen meiner vorhergehenden Arbeiten enthalten. Bereits vor fünfundzwanzig Jahren habe ich in einer Aktion, die in Köln stattfand, behauptet, dass jeder Mensch ein Sonnenkönig ist, dass jeder Mensch eigentlich souverän ist. All dies wird uns von der Politik vorenthalten: Unsere Souveränität wird durch andere Individuen vertreten und dabei sofort verraten …

Es ist also notwendig, sich der Last der alten Paläste zu entledigen, um zum Begriff der »königlichen« Herrschaft zu kommen?

Genau. Die Behauptung »Die Revolution sind wir« bedeutet, dass wir ein sehr hohes Niveau an Freiheit, Selbstbestimmung und Souveränität erreicht haben. Daher kann der Mensch als Gekrönter, wie ein echter König, dargestellt werden. Zugleich ist dieser universelle Herrschaftsbegriff die höchste Form der Demokratie.

Beuys, du bist also der Überzeugung, dass Politik, Philosophie bis heute nicht in der Lage waren, dem Menschen das Recht auf Selbstbestimmung zu verbürgen. Ist die Kunst dazu fähig?

Sicher. Das Problem muss aber noch radikaler gestellt werden. Wenn es um die Kunst geht, muss man sich auf einen Begriff beziehen, der die gesamte kreative Tätigkeit des Menschen umfasst, der sich nicht nur mit dem Kunstbegriff im engeren Sinne begnügt.

Wenn es so wäre, würde die Kunst Gefahr laufen – wie es der Philosophie schon widerfahren ist –, in den kältesten Akademismus zu verfallen.

Du weißt genau, welches die historischen, politischen, philosophischen, ökonomischen und organisatorischen Gründe sind, die den Menschen daran hindern, den Weg zur Selbstbestimmung zu finden und die ihn in einem sterilen Individualismus gefangen halten. Was schlägst du als Alternative vor?

Gerade deswegen, weil die Situation sich so entwickelt hat, wird es zunehmend notwendiger, die alten politischen, ökonomischen, philosophischen und künstlerischen Schemata zu überwinden. Zuerst müssen wir einsehen, dass der von uns so genannte Fortschritt eine Falle ist, eine falsche Vorstellung ist, nachdem alles von oben her bestimmt wird. Wenn ich die Hypothese der Selbstbestimmung aufstelle, wende ich mich vor allem gegen Egoismus und Profitdenken. Andererseits denke ich auch nicht an Selbstbestimmung im Rahmen eines politischen Zentralismus. Das Problem muss gelöst werden im Hinblick auf die geistigen Bedürfnisse der Menschen und nicht mit Rücksicht auf materielle Vorteile, die erreicht werden könnten. Dieser neue Begriff ist die letzte Möglichkeit, die den Menschen offen steht, um seine geistigen Fähigkeiten zu entwickeln und in der Folge auch die Qualität seiner eigenen Produkte zu verbessern. So ist die Kunst, im Sinne des erweiterten Begriffs, die letzte Chance, die uns geblieben ist …

Deutsch in: Katalog *Beuys zu Ehren*, Städtische Galerie im Lenbachhaus, München 1986, S. 92-93

Inhalt

Überschriften mit * vom Herausgeber